대한민국
30대를 위한
자기주장
기술

Copyright ⓒ 2008, 이정숙
이 책은 한국경제신문 한경BP가 발행한 것으로
본사의 허락없이 이 책의 일부 또는
전체를 복사하거나 전재하는 행위를 금합니다.

대한민국
30대를 위한
자기주장
기술

| 이정숙 지음 |

한국경제신문

프롤로그

30대 최고의 무기, 자기주장 기술

30대는 매우 현실적이고 실리적인 시기다. 직장 새내기로서 세상이 자기를 중심으로 돌아간다고 의기양양해하는 20대와는 다르다. 자신도 20대 때까지는 몹시 싫어하던, 현실적이고 우유부단한 직장인으로 순치되는 시기다. 회사에서는 실무적 권한자인 과장, 대리, 팀장, 데스크 등의 직함을 부여 받아 온갖 잡다한 일은 다 도맡고, 재정 등을 관리하면서 윗사람들의 비리를 알게 되기도 하지만 당당하게 시정을 주장하기는 어려운 시기다.

후배들은 아래에서 치고 올라오고 선배나 상사는 위에서 옥죄는, 그래프의 중간 좌표에 위치하기 때문에 자기주장을 제대로 하지 못하면 위아래에서 압박받는 시기다. 이러한 현실에 직면하면서 꿈과 야망은 마모되어 작아지고, 사소한 일에 신경 쓰며, 경력 관리에 진검 승부로 나서는 '현실인'으로 변모한다. 직장에서는 중고참의 경력이 있지만 주장을 뒷받침할 만한 직위는 주어지지 않고, 독신을 고집하지 않는 한 결혼과 자녀 출산 등으로 인해 소비는 점점 늘어간다. 덧붙여 내 집 마련 등의 재테크 의무까지 있어, 직장에서나 가정에서 섣불리 자기주장을 펴다가 괜히 불이익을 당하지 않을까 염려하는 소심한 자신을 발견할 수 있는 시기가 바로 대한민국 30대인 것이다.

유난히 사회 변동이 심한 우리나라의 현재 30대는 자기주장에 특히 약한 세대다. 40대는 치열한 민주화 운동을 통해 자기주장을 공격적으로 관철해 본 경험이 있고, 20대는 IMF 한파를 겪으며 이익을 위해서라면 철판을 깔고라도 주장해야 한다는 현실을 배웠다. 그러나 30대는 전후 복구 세대 부모에게서 "내 자식만은 절대 고생시키지 않겠다"는 무조건적인 사랑을 받으며 살았다. 그 대신 부모 앞에서조차 자기주장을 제대로 펴지 못하는 기죽은 세대가 된 것이다.

30대의 부모는 '아버지 부재'의 세대로 남성의 여성화, 여성의 남성화가 심화된 세대다. 전쟁으로 폐허가 된 국가 재건을 위해 아버지들은 대부분 집밖으로 나가 일해야 했고, 그 바람에 자녀 양육은 전적으로 어머니 책임이 되었기 때문이다. 그런 현실에 지친 어머니는 아들에게 "아버지 같은 남자는 되지 마라"고 가르치고 딸에게는 "나처럼 희생만 하는 여자가 되지 마라"고 가르쳐 성적 주체성에 혼돈을 초래했다.

이러한 상황들 때문에 30대 남녀는 다른 세대와는 다른 독특한 특징을 갖게 되었다. 남성은 자기주장을 제대로 펴지 못하는 반면 여성은 지나치게 거침없이 자기주장을 펴서, 양쪽 모두 자기주장의 효과를 반감시키고 있다.

그래서 현재 30대 남녀는 모두 주장에 서툴다. 그 결과 20대에게는 추월당하고 40대가 차지한 주요 자리를 이어받지 못한 30대는 낀 세대가 되었다.

주장이란 상대방이 반드시 나의 생각을 받아들이도록 하는, 가장 어려운 말하기이다. 설득처럼 상대방 기분에 맞춰 마음을 움직이게 하는 말하기도, 토론처럼 반대자와 충분히 말해 보고 의견을 절충하는 말하기도 아니다. '이것만은 받아들여야 한다'고 강제하는 말하기인 것이다. 따라서 다른 말하기에 비해 더 많은 기술이 필요하다. 말은 힘을 반영하기 때문에 주장을 뒷받침할 만한 힘이 없으면 안 된다. 어떻게 정당성을 입증해서 상대방이 내 말을 거부하지 않고 받아들이게 할 수 있을지 고려하지 않고 하는 주장은 효과를 거둘 수 없다. 인간관계에서 정당한 주장을 펴지 못하면 무시당하고 존엄성마저 짓밟힐 수 있다.

30대는 인생의 절정기라고 할 수 있는 시기다. 세상에 태어나 약 24년(보통 대학 졸업까지) 동안 부모의 보호 하에 교육을 받은 후, 남자는 군대를 다녀오고 여자는 결혼 등 제2의 인생으로 접어들어 진정으로 독립해 살기 시작하는 시기인 것이다. 아직은 젊고 패기도 있어 꿈을 위해 새로운 도전을 시도해 볼 수 있는 나이다. 그러나 40세가 되면 그러한 패기와 용기는 대부분 크게 위축되어 정해진 길로만 가기 쉽다. 즉 30대는 오던 길이 너무 힘하면 되돌아가 볼 수 있는 유일한 시점이기도 한 것이다.

30대에 자기주장을 강화해야 하는 이유는 직장에서 승진해 임원까지 올라갈 것인지, 아니면 전직해서 새 길을 찾을 것인지, 독립해서 자기 사업을 할 것인지 숙고해서 내린 결정이 나머지 인생을 좌우하기 때문이다.

그렇기에 이 책은 30대가 자기주장의 중요성을 인식하게 하고 주장하는 기술을 터득해 인생의 황금기를 제대로 누리고 살도록 돕기 위한 가이드 북이다. 또한 30대뿐 아니라 나이를 막론하여, 성격이나 환경 때문에 자기주장을 펴지 못해 진정한 자신의 가치를 발휘하지 못하는 사람들에게도 큰 도움이 될 것이다.

1부는 사회나 직장에서 자기주장을 펴야 하는 이유를 설명하고 2부는 업무 효율을 높이고 직장 스트레스를 피하는 자기주장법을 알려 준다. 3부는 인간관계망을 확대하고 유지하는 주장법을 소개하고 4, 5부는 주장의 힘을 기르는 말하기 습관과 피해야 할 습관을 제시하여 평소의 언어 습관에서 주장에 필요한 언어 기술을 기를 수 있는 방법을 터득하도록 했다.

그 동안 직장이나 가정에서 자기 의견을 주장하고 싶어도 주변 여건이나 개인적 성격 때문에 제대로 주장하지 못해 불이익을 당한 분들에게 이 책이 도움이 되어 주기를 희망한다.

2008년 7월 이정숙

CONTENTS

프롤로그 30대 최고의 무기, 자기주장 기술 _005

1 ··· 도약과 낙오의 분기점, 30대의 자기주장 기술

| 프로답게 거절하라 _017
| 질문으로 핵심을 흩뜨려라 _023
| 근거로 주장의 힘을 키워라 _029
| 눈치를 발달시켜 주장을 용이하게 하라 _037
| 양자택일 제시로 반론을 방어하라 _043
| 대화 포인트를 포착해 의표를 찔러라 _049
| 궤변은 앵무새 기법으로 물리쳐라 _056
| 정물화적 연역법을 사용하라 _064
| 메아리 기법으로 조화롭게 주장하라 _070
| YB화법으로 기습하라 _077
| 공을 넘겨주고 기다리듯 결정권을 넘겨주고 기다려라 _083
| 조삼모사 기법을 활용하라 _090

2 ··· 업무 능력을 인정받는 자기주장 기술

| 회의에서 자기주장 관철하는 법 _ 097
| 프레젠테이션에서 자기주장 관철하는 법 _ 107
| 보고로 자기주장 관철하는 법 _ 115
| 지시로 자기주장 관철하는 법 _ 125
| 협상에서 자기주장 관철하는 법 _ 136

3 ··· 인간관계를 위한 자기주장 기술

| 살라미 주장법 _ 149
| 홍두깨 주장법 _ 154
| 생크림 주장법 _ 159
| 구름다리 주장법 _ 164
| 콜롬보식 주장법 _ 170
| 고티엠 주장법 _ 176
| 쓰리쿠션 주장법 _ 182

| '사회적 알러지'를 피하는 주장법 _ 188
| '마음의 시력' 주장법 _ 195
| '우리' 주장법 _ 202

4 ... 자기주장 시 꼭 해야 할 7가지

| 윈윈을 최종 목표로 하라 _ 211
| 주장은 당당하게 하라 _ 213
| 상대방이 감정을 분출하게 하라 _ 216
| 주장은 강경하게, 태도는 부드럽게 _ 218
| 상대방 입장 이면을 공략하라 _ 220
| 짧고 명료하게 주장하라 _ 222
| 주장과 비난을 명확히 구분하라 _ 224

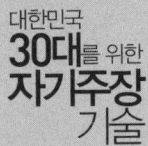

5 ... 자기주장 시 **피해야 할** 7가지

| 자기 입장과 주장 목적을 혼동하지 말라 _229
| 지나친 배려는 삼가라 _231
| 당신의 문제로 상대방을 비난하지 말라 _233
| 자기주장을 방어하기 위해 무리수를 두지 말라 _235
| 성급하게 해결책부터 내놓지 말라 _237
| 너무 긴 배경 설명과 불필요한 말은 삼가라 _239
| 사람과 문제를 뒤섞지 말라 _241

에필로그 대한민국 30대, 자신을 주장하라! _245

1장

도약과 **낙오**의 분기점,
30대의 자기주장 기술

- 프로답게 거절하라
- 질문으로 핵심을 흩뜨려라
- 근거로 주장의 힘을 키워라
- 눈치를 발달시켜 주장을 용이하게 하라
- 양자택일 제시로 반론을 방어하라
- 대화 포인트를 포착해 의표를 찔러라
- 궤변은 앵무새 기법으로 물리쳐라
- 정물화적 연역법을 사용하라
- 메아리 기법으로 조화롭게 주장하라
- YB화법으로 기습하라
- 공을 넘겨주고 기다리듯 결정권을 넘겨주고 기다려라
- 조삼모사 기법을 활용하라

프로답게 거절하라

'주장하기'를 습득하기 위해서는 우선 여러 가지 부담스러운 부탁을 거절하는 기술부터 시작하는 것이 좋다. 들어줄 수 있는 부탁은 화끈하게 들어주고 감당할 수 없는 부탁은 단호하게 거절하는 사람이 프로로 대접 받는다. 이럴 때 자기주장에 서툴면 충분히 들어줄 수 있는 부탁도 상대방 속을 태운 후 들어주는 바람에, 정작 상대방에게 고맙다는 소리도 제대로 듣지 못한다. 반면 단호히 거절해야 할 때도 뚜렷하게 이유를 내세우지 못하고 울며 겨자 먹기로 들어주기 일쑤인 데다 좋은 소리도 못 듣는다.

30대는 사회의 허리 역할을 한다. 그렇기에 일생에서 가장 많은 부탁을 받는 시기라고 할 수 있다. 직장에서는 회계 같은 주요 업무를 맡는 경우가 많아 상사의 출장비 조작 등 크고 작은 돈세탁, 책임이 뒤따르는 일의 대행, 사규에 위배되는 일 가담 등을 부탁 받기 쉽다. 개인적으로는 돈 빌려 달라는 부탁, 입찰이나 납품 정보 유출 부탁, 동아리나 종교 단체의 기금 협조, 봉사 활동 강요, 실무 담당 직책 수락 부탁 등 무수히 많다. 현실에 좌절한 나머지 일확천금으로 인생역전을 도모하려 하는 지인에게서 도박이나 주식에 합류하자는 부탁도 받을 수 있다.

물론 인간관계는 서로 도움을 주고받아야 성립된다. 조직 내에서 권한이 거의 없다시피 한 20대 때는 베풀기 힘들지만, 30대가 되면 주어진 권한 안에서 어느 정도 베풀어야 나중까지 인간관계를 유지할 수 있다. 30대에 베풀어 두어야 40대에 회사에서 관리자로 승진하거나 부득이 전직하거나 자기 사업을 시작할 때 되돌려 받을 수도 있다. 따라서 후환이 없고 들어주어도 괜찮은 부탁은 흔쾌히 들어주어 덕을 쌓는 것이 좋다.

그러나 일방적으로 부탁만 하는 얌체 같은 사람의 부탁, 책임이 수반되는 상사의 업무 부탁, 돈세탁이나 장부 위조, 대리 출장 같은 위법적인 부탁, 돈 계산이 흐리멍덩한 사람의 돈 부탁 등은 망설이지 말고 딱 잘라 거절해야 한다. 30대에는 특히 경력 관리가 중요하기 때문에 이런 부탁을 한 번 잘못 들어주면 평생의 오점을 남길 수 있다. 따라서 들어줄 것과 거절할 것을 구별하고, 거절할 경우 확실히 자기주장을 펴서 피차 미련을 남기지 말아야 한다.

외국계 회사 대리 정민조씨(31세), 영어에 서툰 새 상사가 부임한 이후부터 출근조차 괴롭다. 새 상사가 자신이 해야 할 영문 메일 체크를 그에게 미루기 때문이다. 그 메일들 대부분은 잘못 답변하면 상사를 대신해 책임을 져야 하는 중요한 것들이다. 그런데도 새 상사는 출근하면 담배 피우는 다른 직원들을 흡연실로 데리고 가 담배와 커피를 즐기며 잡담하느라 메일 체크는 항상 정민조씨에게 미룬다. 그는 담배를 피우지 않기 때문에 흡연실에 가지 않고 사무실에 남기 때문이다. 새 상사는 그런 정민조씨에게 영문 메일을 읽어보지도 않고 전달하면서 "자네가 알아서 답변 보내게"라고 지시한다.

물론 그 메일 내용이 정민조씨의 업무와 전혀 관계없는 것은 아니지만, 직급에 따른 권한이 달라 임의로 결정할 수 있는 일은 거의 없다. 그런데도 새 상사는 "걱정 마. 내가 다 책임질 테니 그냥 나인 척하고 적당히 답장 보내"라고 말한다. 그러고는 낮에도 서너 차례 이상 담배 피우러 밖으로 나가고, 휴대폰 붙들고 한 번 나가면 보통 20-30분은 허비하고 들어온다.

대기업 해외지사에 근무하는 싱글 남자 주희석씨(33세). 직속 상사가 갑자기 집세 낼 돈이 부족하다며 천 달러를 빌려 달라고 해서 주머니를 털어 빌려 줬다. 해외지사 속성상 직원이 몇 명 되지 않아 직속 상사의 딱한 처지를 모른 척할 수 없었다. 그런데 상사는 돈을 준다고 약속한 지 두 달이 지나도록 갚지 않았다. 갚겠다는 시일을 두 달이나 넘겼는데도 연기해 달라는 양해의 말조차 하지 않았다. 돈을 돌려 달라고 말하기도 껄끄럽고 기다리고만 있자니 속이 탔다. 주희석씨는 한 달 동안 더 고민하다가 어렵게 말을 꺼냈다. "저, 그 돈이 필요합니다." 그러자 상사는 얼굴색 하나 변하지 않고선 "어, 그래? 그런데 지금 100달러밖에 없는데" 하면서 100달러짜리 지폐 한 장만 건네줄 뿐이었다. 나머지 돈은 언제 주겠다는 언급조차 하지 않았다. 그때부터 상사에 대한 신뢰가 깨지고 말았다. 그의 얼굴을 쳐다보는 것조차 싫어 귀국 날짜만 손꼽아 기다리고 있다.

정민조씨는 상대가 상사라는 이유로 책임이 수반되는 일을 떠맡아 부담을 느끼고 있다. 일을 자신에게 맞추어 할 수 있는 위치에 있는 40대와는 달리, 대부분의 30대는 자신을 일에 맞추어 상사가 시키는 잡다한 일을 싫어도 처리해야 한다. 그래서 정민조씨처럼 '울며 겨자 먹기'로 상사가 떠넘긴 일을 실행하기 쉽다. 그러나 이렇게 제대로 거절하지 못해서 하지 않아야 할 일을 도맡다가는 괜히 자기 경력만 망칠 수도 있으니 조심해야 한다. 책임질 일이 발생하지 않으면 다행이지만, 정식 책임자도 아닌 그가 임의로 내린 해석에 오류가 있어 본사의 지시 내용을 잘못 받아들여 회사에 손실을 입히거나 질문에 맞지 않는 답변으로 부서 또는 회사 전체 이미지가 훼손시키면 당연히 새 상사는 모든 책임을 정민조씨에게 전가할 것이다.

이런 상황에 처했다면 "그 일을 맡을 수 없다"고 분명히 자기주장을 펴서 상사의 일을 대신하지 말아야 한다. 이런 주장은 상사의 성격에 따라 "상사를 우습게 안다" "깐깐하게 왜 그러느냐?" "나하고 껄끄러우면 서로 괴롭지 않으냐?" 등의 회유와 협박을 받을 수 있다. 그러나 주장의 방법이 올바르면 그런 것들도 피할 수 있다.

자기주장을 올바르게 펴려면 예측되는 문제점과 그 문제가 일어났을 때의 문제를 조사해 확실한 근거를 가지고 주장해야 한다. 막연하게 "제가 감히 어떻게 그런 일을 합니까?" "그래도 그런 중요한 일은 부장님이 하셔야지요" 등의 사적인 말투는 삼가라. 대신 "저도 그 일을 하고 싶습니다. 그러나 제 직급에 맞지 않습니다. 만약 이러이러한 메일을 잘못 해석해 이러저러한 에러가 나면 이러저러한 책임이 발생합니다. 그럴 경우 저만 책임을 지는 것이 아니라 부장님도 연대 책임을 지셔야 합니다"라고 논리정연하게 주장해야 한다.

30대 직장인들이 자기주장을 펴지 못하고 불이익을 당하는 가장 큰 이유 중 하나는, 남자는 여성화 되어 우물쭈물하며 말하고 여성은 남성화 되어 사적 언어로 화내며 말해 상대편에게 주장의 정당성을 인정받지 못하기 때문이다.

뒤의 주희석씨는 상사에게 사적으로 돈을 빌려 주고 받지 못해 속을 태우는 경우다. 정당한 자기 권리 즉, 돈을 받을 권리를 주장하지 못해 마음의 고통을 겪는 것이다. 주희석씨 같은 경우, 상대가 상사일지라도 자신에게는 돈을 돌려받을 정당한 권리가 있기 때문에 회피하지 말고 권리를 주장해야 한다.

속으로 '왜 돈을 안 주지?' '언제 준다는 말도 왜 안 하는 거지?' '도대체 준다는 거야? 안 준다는 거야?' 생각하며 애태우면 자기 자신은 숨길 수 있다고 생각되지만 표정과 태도와 말투에서 상대방에 대한 미움이 배어 나와 감정적 거리감을 만든다. 그렇게 되면 상대방은 자신의 의무를 유기하고도 '괘씸하게 돈 몇 푼 꾸어 주었다고' 하며 적반하장으로 해석할 수 있다. 주희석씨는 상사가 100달러만 돌려주었을 때 "그럼 나머지 돈은 언제 주실 겁니까? 저도 그 돈이 필요합니다"라고 딱 부러지게 말해야 했다.

말은 타이밍을 놓치면 다시 꺼내기가 훨씬 힘들다. 따라서 돈의 문제가 표면에 떠올랐을 때를 놓치지 말아야 한다. 그러나 주희석씨처럼 이미 시기를 놓쳤다면 눈치 보지 말고 "빌려간 돈은 모월 모일까지 돌려주십시오. 그 동안 저도 돈이 필요한 곳이 많았는데 말씀이 없으셔서 돌려줄 준비가 안된 줄 알고 기다렸습니다. 그런데 이제는 더 이상 기다리기 곤란합니다"라고 그 동안 충분히 기다려 주었음을 근거로 돌려달라고 주장해야 한다. 프로는 길게 말하지 않고, 화를 내지도 않고, 상대방이 꼼짝 못할 근거를 내밀어 거절의 타당성을 들어 주장할 줄 아는 사람이다.

질문으로 핵심을 흩뜨려라

회사 내에서 30대는 주로 실무를 책임진다. 회사 내 통반장 역할을 도맡는 경우가 많아 회식비 지불부터 부서의 예산 관리 등을 맡기도 한다. 이 일을 통해 돈을 헤프게 쓰는 상사와 인색한 상사를 구분할 수 있으며 상사를 대신해 묵직한 프로젝트의 제안서를 만들며 회사의 기밀에 접할 수도 있다.

그러나 실제로는 대외적인 이미지상 직함만 받고서는 후배 두어 명 거느리고 거래처에 직접 납품하러 다니거나, 경쟁 PT에 참가하기 위해 준비부터 발표까지 도맡는 허드렛일에 매이기도 한다. 타 부서와의 업무 협조에서 마찰이 생기거나 상사와 예산 문제로 옥신각신해야 할 때도 생긴다. 상대방의 주장에 충분히 공감하지만 규정상 또는 자신의 직위가 주는 입장상 반론을 펴고 위기를 모면해야 할 때도 있다.

　30대는 보수적인 상사와 너무 진보적인 부하 사이에 끼어 불필요한 마찰을 빚을 수도 있다. 자신은 차분하고 꼼꼼한데 상사는 샤프하지만 잘 챙기지 못하면 '답답한 부하'라는 욕을 먹을 것이다. 반면 보수적인 자신에게 진보적인 부하가 "상부에 제안해서 이것 좀 바로잡아 주세요. 무능하게 그거 하나 제대로 말 못해요?"라고 비난하는 경우도 있다. 매 상황마다 확고한 자기주장을 펴지 못하면 위아래에서 누르고 치받아올 것이다.

　이럴 때 질문으로 주장에 힘을 실으면 문제를 쉽게 해결할 수 있다. 인터넷 검색창에 단어를 치면 검색어에 관련된 수많은 정보가 뜨듯이, 사람의 뇌는 질문을 받으면 그에 대한 답을 검색해서 정보를 모아 온다. 뇌는 질문에 관련된 정보를 모으기 위해 의식과 무의식의 장을 넘나들며 모든 정보를 끄집어낸다. 따라서 성격이 강한 사람도 갑작스런 질문을 받으면 잠시 뇌가 답을 찾는 모드로 바뀌기 때문에 애초의 주장에서 비켜나게 된다. 모호한 누명이나 부당한 질책, 진보적인 요구 등을 피하고 자기주장을 정당화하려면 질문으로 상대편의 뇌 모드를 잠시 전환하는 것이 좋다.

　대기업 차장 민경수씨(35세), 무던한 성격으로 대인관계가 좋지만

샤프한 면이 부족하다. 반면 그의 상사인 부장은 샤프하고 똑똑한 엘리트지만 참을성이 부족하다. 그래서 항상 민경수씨를 답답해하며 다그치기 일쑤다. 민경수씨가 작성한 제안서를 보며 "이것도 제안서라고 썼어?"라고 소리를 지르며 재작성을 지시한다. 지적 사항은 겨우 맞춤법 하나, 부호 위치 조정 등에 불과하지만 욕은 하루 종일 먹기도 한다. 부장은 성질이 급해 그가 조금만 실수를 해도 "당신 도대체 이 일 시작한 지 얼마나 됐어? 어제 시작한 사람도 그렇게는 안 하겠구먼" 하며 모욕적으로 닦아세운다. 사실은 민경수씨가 다른 동료들에 비해 실수가 적은 편인데도 조직의 허리에 해당하는 직급이어서 상사와 직접 부딪히는 것이다. 민경수씨는 매우 착실한 사람이라 맡은 일을 소홀히 하거나 업무에 차질을 빚은 적이 거의 없는데도 상사에게 자기의 정당성을 주장하지 못해 매일 억울하게 당하며 산다.

위영미 대리(31세)는 오전에 옆 부서 남자 대리와 크게 싸워서 하루 종일 우울하다. 남자 대리는 위영미씨보다 일곱 살이 많지만 직급은 하나 위에 불과한데다가 둘의 업무를 구분하기도 매우 모호하다. 대체로 남자 대리가 그녀에게 자기 일을 대신해 달라고 할 때가 많다. 부탁할 때는 "이거 하나만 해 달라. 나머지는 다 내가 알아서 하겠다"며 붙임성 있게 군다. 그러나 자기가 맡기로 한 일에 대해서 다른 직원들이 질문하면 "위영미씨에게 물어보라"고 말해 자주 분란을 일으킨다. 자초지종을 모르는 다른 직원들은 위영미씨가 책임을 회피한다고 오해한다.

화가 난 위영미씨는 전화로 "나머지는 다 알아서 한다더니 왜 이러는 것이냐?"며 따졌다. 그러자 남자 대리는 시치미를 뚝 떼며 " 내가 얼마나 많이 도와주었는데 적반하장으로 나오느냐? 앞으로는 절대 도와주지 않겠다"고 오히려 화를 냈다. 그녀는 너무 어이가 없어서 반박도 제대로 하지 못했다. 매번 이런 식으로 당하는 것이 분해 눈물까지 났다.

민경수씨가 별 잘못을 하지 않고도 부장에게 과도한 욕을 먹는 이유는 간단하다. 자기주장을 당당하게 펴지 못해 부장이 자신을 우습게 여기도록 만들었기 때문이다. 직장 내에서 성격이 급하고 천성적으로 말을 함부로 하는 상사에게 자기주장을 펴기란 쉽지 않다. 그러나 질문 형식을 사용하면 그리 어렵지 않다.

민경수씨는 부장이 제안서를 다시 작성하라고 했을 때, 일단 지시대로 행하고 재작성한 제안서를 제출하면서 이렇게 질문해야 했다. "제 성격이 느려서 부장님 취향에 잘 안 맞지요?" 아무리 성질 고약한 부장이라도 이런 직설적인 질문을 받으면 당황한다. "아니, 뭐 꼭 그런 것은 아니고…" 하며 얼버무리려 할 것이다. 그때를 놓치지 않고 이렇게 주장하라. "그런데 제가 천성이 그래서 쉽게 고칠 수가 없군요. 그 대신 저는 절대 회사 일을 소홀히 하지 않으려고 노력합니다. 그러니 제가 좀 느려도 양해해 주십시오." 설령 엄청나게 성격이 나쁜 사람이라 "그래서 지금 나한테 따지는 거야?" 하고 면박을 주더라도 속으로는 '이 친구 제법인데? 함부로 봤다가는 큰 코 다치겠군'이라는 인식을 심어줄 수 있다.

위영미씨의 경우에도 남자 대리에게 번번이 당하지 않으려면 질문으로 딴 소리 못하게 제압한 후 자기주장을 펴야 한다. 전화로 따지려면 처음부터 용건을 꺼내지 말고 "오전에 제게 그거 한 가지만 해주면 된다고 하셨지요? 분명히 나머지는 대리님이 한다고 하셨지요?"라고 질문하여 상대의 대답을 유도한 다음 "그런데 왜 직원들이 저에게 대리님이 알고 계시는 일에 대해 질문하나요?" 하고 되물어야 한다.

질문은 억지를 쓰거나 말을 바꾸는 사람의 허를 찌를 수 있고 당신의 주장에 귀를 기울이게 할 수도 있다. "제 말의 요점을 이해하시겠습니까?" 또는 "제가 가장 원하는 것을 이해하셨지요?" 등의 질문을 하면 뇌가 답을 찾으려고 귀를 세우게 된다.

가정에서도 자녀에게 자신의 공부하라는 주장이 힘을 받게 하려면 "네가 지금 공부 안하고 놀면 뭐가 좋지?"라고 질문하라. 공부하기 싫어 딴 궁리만 하던 아이의 뇌가 '정말 그러네. 나는 뭐가 좋은지 생각해 본 적이 없어. 정말로 뭐가 좋을까?' 하며 검색어 찾기에 나설 것이다. 그리고 그 검색어에 대한 정보에서 공부 안 하고 노는 것에 대한 타당성을 발견하지 못하면 부모의 공부하라는 주장의 가치를 따지게 될 것이다.

근거로 주장의 힘을 키워라

30대는 인생에서 가장 독립적인 시기다. 부모의 보호를 벗어나 새 가정을 일구고 직장에서도 타인의 지시 없이 재량껏 할 수 있는 일이 생기는 시점이다. 자기 자신도 누구에게 기대기보다 독단적으로 일을 처리해야 체면이 선다고 생각하는 시기다. 그러나 실제로는 진급한 사람과 진급 못한 사람으로 나뉘면서 독단적으로 일을 처리할 수 있는 일의 범위에서 개인 편차가 드러난다. 그 때문에 회사에서 진급이 늦거나 자신이 남보다 뒤처져 있다고 생각하는 사람은 자격지심이 생겨 정당한 주장조차 주저하며 위축되기 쉽다.

그러나 인생은 마치 자동차 여행과 같다. 앞서 달리던 자동차가 뜻하지 않은 장애물을 만나 더 느리게 가야 할 경우가 있다. 반면 뒤처졌던 자동차가 갑자기 앞이 확 뚫려 앞서가던 자동차를 몇 배 더 추월할 수 있는 것이다. 그러나 한 번 뒤처졌다고 해서 위축되어 버리면 영원히 앞서가는 자동차를 따라잡을 수 없게 된다. 따라서 지금 남보다 조금 뒤처진다고 해서 자신의 권리나 의무의 범위 등을 주장하지 않고 포기할 필요가 없다. 자기주장에 힘을 실으면 얼마든지 앞서간 그들을 추월할 수 있다.

    타당성 있는 주장을 관철시키는 또 다른 기술은, 권위 있는 근거를 제시해 상대방이 대항하지 못하도록 하는 것이다. "내 생각에는", "상식적으로 생각해 볼 때" 식의 주장은 잘 통하지 않지만 권위 있는 사람이나 단체의 연구 결과나 인용 등을 근거로 제시하면 누구도 섣불리 반론을 펴지 못한다. 거기에 반드시 논리를 세워 주장해야 주장의 무게가 훼손되지 않는다.

    '논리' 란 '말의 수학 공식' 과도 같다. '하나 더하기 하나는 둘이다' 를 말로 하면 논리가 되고 $1+1=2$라고 표기하는 것은 수학 공식이 되는 이유는, 사람들이 예부터 그렇게 믿기로 약속했기 때문이다. 만약 그렇게 믿기로 했다는 전제조건이 없다면, '물방울 하나에 또 다른 물방울을 보태면 $1+1=1$이 되는데 왜 2냐' 고 주장하는 사람을 이길 수 없다. 그렇기 때문에 주장은 인류가 암묵적으로 그렇게 하자고 정해 놓았거나 누구나 그것이 옳다고 인정하는 진리를 근거로 이루어져야 한다.

"김대리는 정말 일을 잘해"라는 말에 "그래? 난 그렇게 생각하지 않는데?"라는 반론이 나올 수 있다. 이때 "저번에도 컴퓨터 에러가 나서 전문가가 하루 종일 살펴보고도 못 고쳤는데 김대리가 두 시간 만에 복구했어. 그리고 우리 부서에서 가장 골치 아픈 회의 시간 단축 문제도 그가 내놓은 아이디어로 해결했어"처럼 누구나 인정할 만한 근거를 제시하면 김대리의 유능함을 인정하는 당신의 주장에 사람들이 동의하게 되는 것이다. 자기주장을 꺼리거나 주장 대신 뒷공론만 하는 사람들은 대체로 "두고 봐, 내 말이 맞을 테니." "왜 남의 말을 못 믿어? 진짜라니까?"라고만 말하다가 상대방의 반론에 무너져 본 경험이 있을 것이다.

이런 식의 불확실한 주장은 상사에게 반론을 제기할 때, 고집 센 동료에게 자기주장을 관철해야만 실적을 올릴 수 있을 때, 경쟁 PT에서 이기지 못하면 회사를 그만두어야 할 때 등 중요한 순간에 경쟁력을 잃게 만드는 치명타가 된다. 버스나 지하철에서 휴대전화로 상대방과 말다툼하는 사람들의 말을 한번 들어보라. "그런 말이 어디 있어? 잘 생각해 보라구!" "왜 그렇게 내 마음을 몰라? 그게 아니라니까!" "그건 상식 아니야? 그런 걸로 따지지 마" 같은 표현들을 쉽게 들을 수 있다. 모두 상대방에게 자신주장을 피력하는 데는 전혀 경쟁력 없는 표현들에 불과하다.

30대는 인생의 중심 좌표에서 전후좌우 어느 쪽으로든 방향을 다시 설정할 수 있는 나이다. 그 방향을 정하는 데 있어 자기주장이 잘 관철되도록 하느냐 못하느냐에 따라 좌표 이동이 달라진다.

　제대 후 종업원 40-50명 정도 되는 회사에서 일하다가 규모가 큰 공사公社로 이직한 백용선씨(32세). 이전 회사에 비해 연봉도 높고 더 많이 배우고 느끼고 깨달을 수 있어 많은 노력 끝에 자리를 옮겼다. 그러나 입사 다음날부터 시작된 술자리의 부담 때문에 죽을 맛이다. 회사 사람들은 거의 매일 술자리를 벌였는데 술이 약한 용선씨는 항상 강제로 술자리에 참석해야 했다. 술자리가 벌어지면 대개 새벽 1-2시에야 귀가할 수 있다. 이 회사 사람들은 대부분 술이 세서 소주 몇 병은 기본이고 폭탄주까지 몇 순배 돌아야 만족했다. 특히 술을 좋아하는 그의 직속 상사인 팀장은 매일 퇴근 무렵이 되면 팀원들을 불러 모으기 일쑤다. "회사 근처 술집에서 거래처 사람들하고 술 마시기로 했으니 한 명도 빠지지 말라고!" 회사 옮긴 후 한 달가량 쉬지 않고 매일 술을 마셨더니 너무 피곤해서 업무도 제대로 볼 수 없을 지경에 이르렀다.

　게다가 이직한 후에는 결혼을 약속한 여자친구에게도 소홀해져 관계가 꼬이는 바람에 스트레스만 쌓여 가고 있다. 두어 달 정도 지나자 더는 술을 마실 컨디션이 안되어 "오늘은 도저히 안 되겠습니다"라고 술자리를 고사한 후 모처럼 여자친구를 만났다. 여자친구는 "술 못 마신다고 사람 자르는 회사는 없어. 그러니 적당히 좀 빠져. 얼굴도 엉망이잖아"라고 충고했다. 그러나 거의 전 직원이 그런 식으로 몰려다니기 때문에 어쩌다 한두 번이라면 몰라도 매번 빠지려면 눈치가 보일 것 같아 걱정이다. 술 때문에 다시 회사를 옮길 수도, 술이 약하니 회식에서 빠지겠다고 주장할 수도 없는 백용선씨는 점점 회사 생활이 지옥같이 느껴진다.

작은 무역회사에 다니는 황현석 과장(35세). 책임감 없는 부장 때문에 열 받을 때가 한두 번이 아니다. 회사 규모가 크지 않기 때문에 대부분 사장이 바이어와 스케줄을 잡아서 물건을 발송할 날짜와 시간, 장소 등을 과장인 현석씨에게 지시한다. 그러면 그는 지시사항을 다시 대리에게 전달하거나, 중요한 일은 대리를 데리고 현장에 나가 직접 처리한다.

그런데 며칠 전 부장이 사장의 지시를 잘못 알아듣는 바람에 황현석씨에게 물건이 도착할 항구 이름을 잘못 알려 주어 물건을 엉뚱한 곳으로 보내는 사고가 발생했다. 담당 대리는 사색이 되어 현석씨에게 "저는 과장님이 지시하신 대로 보냈습니다"라고 말하고 현석씨는 부장에게 "부장님이 제게 그곳이라고 말씀하셨잖아요"라고 항의하자, 부장은 "내가 언제? 당신이 잘못 알아들었나보군" 하며 발뺌했다. 현석씨와 대리가 똑같이 들었다고 말하자 "나는 똑바로 알려줬는데 ○○씨가 메일 전달하고 서류 작업할 때 틀린 것 같군"이라며 또 다른 사람에게 덮어씌우기 바빴다.

황현석씨는 매번 부장의 실수를 자신이 덮어쓰는 것 같아 영 우울함이 가시지 않는다. 부장은 선적수량은 물론, 자신이 만들어 올린 보고서가 잘못되어 상사의 지적을 받으면 늘 황현석씨 탓으로 돌렸다. 회의 시간마다 어찌나 핑계를 잘 대고 빠져나가는지 상사들은 그의 잘못을 잘 알지 못한다. 황현석씨는 부장이 잘못을 자신에게 뒤집어씌워도 자기주장을 제대로 펴지 못해 고스란히 누명을 쓰곤 한다. 그래서 언제 또 누명을 쓸지 몰라 회사 일 자체보다 그 일 때문에 더 스트레스를 받는다.

백용선씨는 근무 외 시간에 벌어지는 술자리에 참석하지 않겠다는 주장을 제대로 못하기 때문에 숱한 노력 끝에 원하는 직장으로 옮기고도 더 많은 스트레스를 받는 것 같다. 이직하면 새로운 환경과 사람들에게 적응해야 하기 때문에 하고 싶은 말도 참아야 한다고 생각하는 사람들이 많다. 그러나 처음에는 '새내기라서 잘 모르나 보다' 하고 받아들여질 여지가 있기 때문에 의도적으로 첫인상을 만들어야 한다. 백용선씨의 경우 아예 처음부터 "저는 술이 약합니다. 술 약하면 이 회사 다니기 곤란한가요?"라고 직설적으로 질문하여 '술 못 마시는 사람'으로 자신을 인식시켰어야 했다.

그러나 이미 한 달 넘게 술자리에 참석했다면 다른 방법으로 술자리에 참석할 수 없다는 주장을 펴야 한다. 그러려면 한 번 술자리에서 의도적으로 쓰러지는 것도 방법이다. 술자리가 엉망이 되더라도 한 번 쓰러지면 그 다음부터는 상사도 또 그런 일이 일어날까 봐 "자네는 됐으니 그만 들어가"라고 말할 것이다. 쓰러지는 것은 가장 강력한 '술자리 불참'의 근거가 된다. 주장의 근거란 이처럼 말이 아닌 행동으로도 만들 수 있다.

그렇게까지 하기 싫다면 술자리가 과한 다음 날부터 하루나 이틀쯤 결근하고 병원에 입원하는 것이다. 문병을 온 사람들 혹은 결근 사유를 말해야 할 상사에게 "제가 술을 거의 못 마시는데 이직한 신참으로서 회사 분위기도 파악하고 선후배님들과도 빨리 친해지려고 무리를 했더니 병이 났다"고 확실히 말해둔다. 자신의 건강과 행복을 해칠 만한 요소는 적당한 쇼를 연출하더라도 첫 이미지에서 '더는 술을 권해서는 안 되는 사람'이라는 이미지를 굳혀둘 필요가 있다.

황현석씨의 경우 책임 전가하는 부장의 잘못을 더 윗선에 말해야 하는 민감한 케이스다. 그러나 평소 남에게 책임을 전가하는 부장의 잘잘못을 따지려면 "항구 이름은 발음을 잘못 알아들으면 헷갈릴 수 있으니 글로 적어 주십시오"라고 주장해 말의 기록을 남겨 두어야 한다. 글로 적어 두면 사고가 났을 때 잘잘못을 가리기가 쉽다. 더 필요하다면 통화 내용을 녹음해 두는 것도 좋지만 이 경우에는 당사자가 불쾌해하거나 오해가 발생할 수 있으므로 가급적 글로 써 달라고 하는 것이 좋다. 부득이 녹음이 필요한 상황이라면 사전에 회의를 통해

자기주장 기술

"외국어는 서로 잘 알아들어야 하니까 지시하는 전화 내용은 다 녹음하겠다"라고 제안해서 사장의 허락을 받아 두면 언제든지 녹음 내용을 확인해서 자신은 잘못하지 않았다는 주장을 정당화할 수 있을 것이다.

눈치를 발달시켜
주장을 용이하게 하라

대부분의 남자들은 30대가 되면 자신이 꿈꾸던 인생과 지금 처한 현실이 너무 달라 실망하곤 한다. 20대 때는 아무것도 모르고 이 일 저 일 부딪히며 배우는 맛이 있지만, 30대가 되면 사회생활에 어느 정도 익숙해져 하는 일이 개미 쳇바퀴 돌리듯 지겹게 느껴지기 쉽다. 아침마다 교통지옥을 뚫고 출근해서 자신의 창의성이나 지혜는 전혀 발휘해 보지 못하고 상사의 지시에 따라 기계의 부품처럼 움직여야 하는 현실이 답답하고 지루할 뿐이다. 그래서 30대가 되면 인생 역전이 얼마나 어려운지 실감한다. 지금 하는 일에 불만이 많아도 새로운 일에 도전해 볼 용기를 내기가 얼마나 어려운지 몸으로 체감하는 것이다.

30대 후반으로 가면 이러한 생활 패턴이 굳어져 적당히 하루하루를 때우면서 '내가 꿈꾸던 인생은 이런 게 아니었는데…' 라는 회한에 잠길 수 있다. 여자들은 30대가 되면 외모로 승부하려던 기본욕구를 잠재워야 한다. 거울을 볼 때마다 늘어나는 눈가의 주름과 적당히 퍼진 허리, 약간 올이 튄 스타킹을 아까워하는 자신의 모습을 보며 "내 청춘이 가고 있구나"를 실감한다. 기혼여성이라면 직장과 가사, 육아 등의 노동에 시달려야 한다. 작은 일에도 짜증이 나고 귀찮지만 직장이나 가족 모두에게 잘못한 일이 많은 것 같아 자기주장을 당당하게 관철하지 못하고 슬그머니 철회하기도 한다. 반면 독신주의자거나 미혼여성은 호불호好不好가 분명해 일방적으로 자기주장만 내세우다가 적을 많이 만들기도 한다.

자기주장을 관철하며 당당한 30대답게 살려면 해야 할 말을 주저하며 뒤로 물러서는 것도, 그렇다고 적대감이 드러날 만큼 너무 일방적으로 주장을 펴는 것도 위험하다. 너무 강한 주장은 상대방의 방어적 태도만 강화시킬 뿐, 마음으로부터 승복하고 흔쾌히 받아들이게 할 수 없다.

주장은 반드시 관철해야 할 가장 강한 메시지 전달 방법이기 때문에 너무 강하면 오히려 더욱 튕겨 나올 수 있다. 그렇게 튕겨져 나온 주장은 재시도가 통하지 않기 때문에 거절과 동시에 폐기처분되기 쉽다. 주장이 상대방 가슴에 화살처럼 꽂히게 하려면 눈치가 빨라야 한다. 상대방 마음의 파장과 주파수를 맞출 수 있어야 한다.

뇌 신경학자 대니얼 골먼Daniel Golman은 자신의 저서 《SQ 사회지능》에서 "사람의 마음은 화가 나거나 짜증이 나거나 분하거나 기쁘거나 호의를 느끼거나 간에 그에 대한 파장을 외부에 노출시킨다. 그래서 그런 파장을 읽을 줄 알면 상대방 얼굴만 보고도 '지금 이런 말을 하면 통하지 않을 것이다.' '지금은 이런 말을 해도 된다'를 알 수 있다"라고 한다. 따라서 자기주장의 힘을 기르려면 '상대방 마음의 파장'을 읽는 방법, 즉 눈치를 길러야 한다. 그 방법은 간단하다. 상대편의 표정과 몸짓 언어를 읽는 습관을 들이는 것이다.

사람은 말로 7%, 몸으로 93%의 메시지를 전하며 몸으로는 거짓말까지 누설시키는 기능이 있어 상대방의 몸짓 언어를 읽으면 마음의 파장 주파수가 잘 잡힌다. 상대방 마음의 파장을 읽으면 주장할 타이밍과 주장 방법을 선택하기가 쉽다. 상대방이 짜증나 있을 때는 "정말 그런 일은 짜증날 거야. 나 같아도 못 참을 거야" 등의 말로 짜증을 가라앉히면서 자기주장을 말하고, 상대방이 슬픈 파장을 보이면 슬픔에 동조해 마음을 누그러뜨린 다음 방법을 달리해서 주장을 펴야 한다.

싱글 여자 직장인 왕미려씨(32세), 오랫동안 총무 일을 맡아 한 그녀는 누구보다 회사 전체의 흐름을 잘 꿰뚫어 볼 수 있다. 그래서 그녀에게 어려운 일을 부탁하는 관련 부서 직원들이 많다. 며칠 전에는 두 살

자기주장 기술

위인 같은 과지만 다른 업무를 맡고 있는 남자 선배가 도움을 요청해 도와주었다. 그 결과 회사 전체 예산을 크게 절감할 수 있었고 그 선배는 큰 칭찬을 받았다. 남자 선배는 고맙다며 왕미려씨에게 점심을 사겠다고 했다.

그런데 식사 장소에는 선배의 직속 부하 직원과 상사 두 사람이 더 와 있었다. 그러고는 식사 내내 자기들끼리만 이야기를 주고받았다. 같은 과 직원들이긴 하지만 업무와 담당이 완전히 달라 왕미려씨가 끼어들 수 없는 이야기들이었다. 할 수 없이 그녀는 꿔다 놓은 보릿자루처럼 불편한 상태로 점심을 먹어야 했다. 원래부터 자기주장을 억제하는 스타일인 그녀는 부당하다는 주장을 하는 대신 혼자 속을 부글부글 끓이며 밥을 먹다가 체하고 말았다.

대기업 대리인 경세진씨(31세)는 직속 상사인 과장이 자기가 하기 싫은 일을 그에게 떠넘기는 것 때문에 스트레스를 자주 받는다. 과장은 자기 업무를 미루면서도 세진씨에게 고맙다는 말조차 잘 하지 않을 만큼 뻔뻔스럽다. 세진씨도 물론 과장이 자신에게 업무를 부당하게 떠넘길 때마다 똑부러지게 거절하고 싶은 마음이 굴뚝같지만 차마 입이 떨어지지 않아 못하고 있다. 게다가 이번에도 과장을 대신해 주말 출장을 가야 할 입장이다. 과장이 가야 할 출장은 대개 주말이라서 그는 자기가 직접 가지 않고 부하 직원들에게 미루기 일쑤다. 처음에는 그나마 미안한 척이라도 하더니 이제는 그런 기색도 찾아볼 수 없다.

이번 주에도 위에서 출장 명령이 떨어지자 당연하다는 듯 세진씨에게 "이번 주 출장 잊지 않았지?"라고 말했다. 이번에는 그도 벼르고 벼른 끝에 "저 그날 약속 있어서 안돼요"라며 거절했다. 그러자 과장은 마치 그가 반드시 가야 할 출장을 거절이라도 한 것처럼 목소리를 높이며 "애인도 없는 노총각이 바쁘긴 뭐가 바빠?"라며 반박한다. 그가 "데이트는 없지만 집안일로 만날 사람이 있어서…"라고 우물쭈물하며 말하자 "총각이 무슨 집안일이야? 다른 사람 대신 보내. 난 중요한 일이 있어서 못 가"라고 윽박지른다. 경세진씨는 "뭐 이렇게 뻔뻔한 인간이 다 있어?"라며 욕이라도 하고 싶었지만 그저 얼굴만 찌푸릴 뿐 아무 말도 못했다. 그래서 전과 다름없이, 그다지 일 같지도 않으면서 시간만 낭비하는 대리 출장을 억지로 다녀와야 했다.

왕미려씨는 상대방 생각의 파장을 읽지 못해 도움을 주고도 불편한 점심을 얻어먹었다. 남자 선배의 마음 파장을 읽는 눈치가 있었다면, 그가 정작 도와준 사람은 들러리로 세워 놓고 엉뚱한 사람에게 식사 대접을 하는 사람일거라는 것도 짐작할 수 있었을 것이다. 만약 그녀가 눈치 빠른 사람이었다면 그 선배가 점심을 사겠다고 했을 때 "오늘 점심은 선배와 저만 먹는 건가요?" 라고 물어 그 자리가 어떤 자리인지 점검해 보았을 것이다. 만약 선배가 "부장하고 이 일을 담당했던 아무개하고 같이 먹어. 그래도 되지?"라고 대답했다면 "그럼 저하고는 다음에 하시지요. 서로 불편하지 않겠어요?"라고 우회적으로 거절 의사를 밝혀 불편한 자리를 피할 수 있었을 것이다.

그런 거절이 불가능했다면 식사 중에도 "저도 아는 이야기 좀 하세요. 세 분만 진지하게 말씀하시니까 저는 남의 부서 회의에 참석한 것 같네요"라고 불편한 심기를 우회적으로 표현하는 것이 좋다. 화를 내며 "왜 내가 꿔다 놓은 보릿자루처럼 있어야 해요?"라고 항의하면 분위기를 망치지만, 이런 식으로 말을 돌려서 하면 "아이구, 미안. 우리 일이 워낙 복잡해서 손님 모셔 놓고 결례가 많았군" 하며 왕미려씨도 참여할 수 있는 주제로 화제를 옮겼을 것이다.

경세진씨의 경우 상사가 가야 할 주말 출장을 대신 갈 수 없다고 주장하지 못해 스트레스에 시달리고 있다. 상사가 자기 일을 남에게 떠넘기고 미안해하지도 않는 사람이라면 평소 그가 어떤 말에 귀를 기울이는지 파악해 두어야 한다. 평소에 무슨 말을 들을 때 긴장하는지, 누구 말을 가장 두려워하는지 등을 파악해 두면 "김 국장님이 종종 누가 출장 가는지 체크하시던데요. 제가 거짓말에 약하다는 거 아시지요?"라고 단호하게 말하는 것이 좋다. 그 상사가 얼굴이 두꺼워서 "상관없어"라고 말할지라도 속으로는 은근히 겁이 나 "알았어. 이번 주에는 내가 가지"라고 말할 가능성이 높다. 이처럼 눈치를 길러 두면 어렵지 않게 상대방 마음의 파장 주파수에 맞추어 주장을 관철할 수 있다.

양자택일 제시로
반론을 방어하라

'386(삼팔육)'이라는 단어가 혁신적이고 신선하게 들리던 때가 있었다. 독재를 종식시키고 민주화라는 신생아가 새싹 돋듯 피어날 때는 그랬다. 그러나 그 세대가 이제 40대가 되고 그들 뒤를 이어 다음 세대가 30대로 부상하면서 386은 38선, 즉 '조기 정년'이라는 무서운 단어로 의미가 바뀌고 말았다. 기업은 서구 자본을 받아들이면서 서구 시스템을 도입했다. 그 시스템을 따라가지 못하면 아무리 팔팔하고 업무 수행에 능통한 30대라도 시든 배추 취급을 받게 된 것이다. 자기주장이 분명한 사람들은 패자 부활전으로 인생을 역전시킬 수도 있지만, 자기주장이 희미해 상대방에게 끌려 다니면 잘나가던 사람도 역전패 당할 수 있다.

나이가 많아 자연스레 밀려나는 것도 아니고, 아주 젊어서 무모할 만큼 새로운 시도를 거침없이 할 수도 없는 30대가 자기주장을 강화하려면 주장의 근거가 탄탄해야 한다. 남들보다 더 많이 공부해 시대의 변화를 읽을 줄 알아야 주장을 관철하기가 쉽다. 거기에 몇 가지 주장 기법을 익혀 두면 큰 효과를 거둘 수 있다.

가장 쉽게 사용할 수 있는 주장 방법은 양자택일 제시법이다. 이 방법은 자기주장을 뒷받침하는 말과 그 반대의 말을 동시에 제시해 듣는 사람이 양자택일해야만 할 것 같은 심리를 갖게 한다. 어린 자녀가 숙제하기 싫어할 때 "국어 먼저 할래, 산수 먼저 할래?" 하고 양자택일하도록 제시하면 아이가 "둘 다 안 해!"라고 쉽게 대답하지 못한다. 사람은 심리적으로 두 가지를 제시하면 둘 중 하나는 선택해야 한다는 압박감을 느끼기 때문이다.

양자택일 제시법은 반론이 거셀 것으로 보이는 주장을 펼 때 사용하면 효과적이다. 직원들에게 야근을 시키라는 윗선의 지시가 있는데, 직원들이 순순히 받아들이지 않을 듯한 상황이라고 가정하자. 그럴 때는 직원들에게 "오늘 야근하라는 지시가 내려왔다"고 말하기보다 "오늘 야근할래, 아니면 내일 사장실에 불려가서 야단맞을래?"라고 양자택일하게끔 말하면 투덜거릴지언정 야근을 받아들일 가능성이 높아진다.

어쩔 수 없는 회사 회식 때문에 퇴근이 늦어질 수밖에 없는데 아내가 구박을 한다면 "내가 퇴근을 늦게 하는 게 나아, 회사를 그만두고

백수가 되는 게 나아?"라고 말한 다음 늦게 올 수밖에 없는 형편을 당당하게 주장할 수 있다. 그렇다면 아내는 십중팔구 "회사는 그만 두지 마"라며 반론을 포기할 것이다.

종업원 5백 명가량의 중견 제조업체에서 회계를 담당하는 박지현씨(33세). 가끔 납품 담당 부장 등이 회계 서류를 임의로 고쳐 들고 그녀에게 와서 수정해 달라는 부탁을 한다. 회계 특성상 돈에 관련된 수정 사항은 점 하나만 고치려고 해도 반드시 부장이 체크해야 하는데, 다른 과 부장이 직접 와서 전의 작업을 이러저러하게 수정해서 인쇄해 달라고 요청하는 것이다. 그 내용 또한 납품업체에 주문하는 건인데다 그 부장이 심하게 뒷돈을 챙기는 사람이라고 알려져 있으니 곤란할 수밖에 없다.

박지현씨는 며칠 전 또 그 부장에게 납품업체에 물건을 의뢰하고 작성한 결재 건에서 금액을 수정해 달라는 부탁을 받고 매우 당황했다. 액수가 적지 않아서 결제도 몇 차례 나누어서 해야 하는 건이었는데도 그는 "괜찮아요. 내가 이미 회계 부장에게 다 말했어요"라며 당장 고쳐 달라고 조르는 것이다. 박지현씨는 그 부장이 돈 문제가 지저분하다는 소문은 들어 알고 있었지만 상사 면전에 대놓고 거절할 수 없어 금액을 수정해 주었다가 감사 과정에서 공모자로 몰려 시말서를 써야 했다.

두 번의 전직 끝에 모 이동통신 대리점에 취직, 3년을 근무한 전석호씨(33세). 고객 서비스 교육에 고객만족도 조사, 손님인 척 가장하고 이것저것 까다롭게 따지는 모니터링 요원 응대, 매달 있는 업무 지식 테스트 등에 시달리다 보니 정작 고객을 응대하는 것이 힘들고 짜증날 때가 많다. 그런데 한 달 전, 다른 직원들이 퇴근하고 혼자 남아 있는데 술에 취한 고객 한 명이 와서는 다짜고짜 휴대폰을 해지해 달라고 졸랐다. 매장은 저녁 9시까지 열지만 해지 업무는 오후 6시에 마감하기에 지금 서류를 작성하면 내일 오전 중에 해지해 드리겠다고 고객을 설득했다.

그러자 고객은 지금 요금 납부는 가능하냐고 되물었다. 가능하다고 대답하자, 해지는 안 되면서 요금 납부는 어떻게 되냐고 마구 소리를 지르는 것이 아닌가! 전석호씨는 본사에서 교육 받은 대로 "불편하게 해드려서 죄송합니다. 해지는 내일 처리해 드리겠습니다"라고 반복해서 말했지만 화가 난 고객은 "회사가 폭리나 취하고 못돼 먹었다"는 등의 폭언으로 그를 몰아세웠다. 석호씨는 계속 욕을 듣다 보니 화도 나고, 빨리 매장을 정리하고 마감을 해야 했기 때문에 "안심하시고 집에 돌아가서 쉬세요. 내일 다 해결될 겁니다"라고 큰 목소리로 말했다.

그러자 고객은 "너 이놈, 지금 손님이랑 싸우겠다는 거야 뭐야! 너 이름이 뭐야? 내일 당장 너희 회사 홈페이지에 올릴 거야! 손님을 뭘로 보고!" 소리소리 지르며 으름장을 놓았다. 그리고 다음 날 그는 정말 소비자센터에 전석호씨를 고발했고 윗선에서는 석호씨에게 사과하라고 지시했다. 그는 황당하고 억울했지만 할 수 없이 고객에게 전화로 사과하고 엄청 욕을 먹어야 했다. 그 후로 출근하기가 겁이 날 정도로 회사에 정나미가 떨어졌지만 다시 이직을 할 입장도 아니어서 가슴앓이만 했다.

박지현씨의 경우 타 부서인 납품 담당 부장의 회계 부정을 눈감아 달라는 요청을 거부하지 못해 불이익을 당했다. 그러나 양자택일법을 제시해 자신이 그 제안을 받아들일 수 없다는 주장을 단호하게 폈다면 억울한 불이익을 모면했을 것이다. "저희 부장님께 말씀하셨다는 것을 메모로 적어 주실래요, 아니면 제가 저희 부장님께 확인할 동안 잠시 기다리시겠어요?"처럼 양자택일을 제시했다면 상대편은 둘 중 하나를 택해야 한다는 압박감을 느꼈을 것이다. 만약 상대방이 너무 뻔뻔해서 양자택일조차 거부하고 "일단 고쳐 줘. 사후에 보고하면 되잖아"라고 재촉하더라도 "최소한 둘 중 한 가지 절차는 지켜 주셔야지요. 제 권한도 아닌데 함부로 그 일을 결정할 수 없습니다"라고 단호히 주장하면 기선을 제압할 수 있다.

주저하거나 상대방의 강압에 흔들리면 기선을 제압당해 상대방 주장에 말려들기 쉽다. "제가 저희 부장님께 전화해 볼게요. 잠깐만 기다려 주세요"라고 말해 그의 억지 주장을 약화시켜야 한다. 이때 "제가 전화할 동안 기다려 주실래요?"라고 의견을 물으면 안 된다. 부드럽지만 단호하게 "기다려 주세요"라는 명령형 서술어를 사용해야 한다.

전석호씨는 술 취한 고객에게 "집에 가서 푹 쉬세요"라는 단정적인 말을 하는 바람에 곤욕을 치르게 된 듯하다. 이럴 때는 "이제 저희가 문 닫아야 할 시간인데 댁으로 가시겠어요, 아니면 문 밖에서 밤을 새시겠어요?"라고 본인이 선택하게끔 유도했어야 한다. "뭐? 날더러 밖에서 기다리라고? 이런 고얀 놈이 있나!"라고 고객이 화를 내면 "이 건물 전체가 다 문이 닫히거든요. 그건 제 힘으로 어떻게 할 수 없는 일입니다" 등의 근거를 제시하여 문이 닫힌 후의 문제를 고객 스스로 책임지도록 압박해야 한다. 그래도 통하지 않으면 "저는 근무 시간에만 일하는 월급쟁이입니다. 고객님이 제 철야 수당을 지급하시겠다면 제가 함께 본사로 가서 새벽까지 기다려드리지요. 오후 6시 이후에 전화해지가 안 되는 것은 회사 방침이기 때문에 회사는 제가 고객님과 밤을 새워도 철야 수당을 안 줍니다. 그러니 원하신다면 제 수당을 고객님이 지불하시고 저랑 같이 본사로 갑시다"라고 말해 고객의 억지스러운 주장을 스스로 철회하도록 제안해야 한다. 당연히 고객은 수당을 대신 지불할 마음도, 밤을 새워서 기다릴 마음도 없기 때문이다.

상대방의 주장을 들어 보지도 않고 자기주장만 내세우는 사람, 고집이 세고 억지스러운 사람에게는 양자택일 제시법으로 주장해야 비교적 잘 통한다.

대화 포인트를 포착해
의표를 찔러라

30대는 최초의 영상 세대라고 할 수 있다. 공중전화보다 휴대전화가 익숙하다. 'X세대'라고 불렸을 만큼 옷차림이나 외모는 이전 세대에 비해 파격적이지만, 극적인 사회 이슈가 적어 사회 운동에는 별 관심이 없다. 그래서 설득이나 웅변에 약하다.

여가를 즐기는 방식도 밖에 나가 놀거나 논쟁으로 자기 의견을 관철시키는 것이 아니라, 인터넷으로 채팅하고 번개 같은 가벼운 모임을 열어 신변잡기적인 이야기 나누는 것을 즐긴다. 익명의 사람을 온라인에서 만난 후에 다시 오프라인에서 만나기 때문에 인간관계가 튼튼하지 않다. 필요할 때만 만나고 불필요하면 쉽게 헤어진다. 쿨한 면은 있어도 은근하고 질긴 정은 만들지 못한다. 그래서 끈끈한 관계를 나누는 대화에 약하다.

　30대는 책이나 신문을 읽는 것보다 영화나 TV 보기를 편안하게 여긴다. 귀찮고 민망한 대화는 휴대전화 문자 메시지나 인터넷 메신저로 주고받는 데 익숙하기 때문에 상대의 면전에 대고 싫은 소리 하는 것을 꺼려한다. 그래서 30대 이후 세대는 얼굴을 맞대고 하는 Face to Face 커뮤니케이션에 취약하다.

　우리 사회에 '사오정 열풍'이 분 것도 이러한 영상 세대가 사회의 주역으로 떠오르면서 대화 단절의 형태를 한 마디로 설명할 수 있기 때문이다. 영상 문화의 특징은 '순간 포착'이다. 영상에 시선이 닿은 순간의 이미지와 메시지를 포착하고 그것이 틀렸건 맞았건 나머지는 모두 버려야 한다.

　이러한 30대의 특징을 주장법에 활용하면 아주 쉽게 자기주장을 관철시킬 수 있다. 사람은 누구나 남의 말을 듣기보다 자신의 말을 하고 싶어 한다. 내가 얼마나 힘들었는지, 용감했는지, 슬펐는지, 기뻤는지 등을 가능한 많은 사람들에게 말하고 싶어 한다. 이런 보편적인 심리 때문에 아무리 말을 재미있게 잘해도 혼자서만 신나게 떠드는 사람은 미움을 받는다. 그러나 열심히 들어 주다가 순간 포착으로 의표를 찔러 말하면 상대방을 한 순간에 무너뜨리고 자기주장을 관철할 수 있다.

　한 동호회에서 단체 등산을 계획했다. 여기저기서 자기주장을 내세우느라 정신없을 때는 말없이 조용히 듣고 있다가, 소리들이 잦아들고 결론도 정확히 나지 않아 흐지부지해지는 마지막 순간에 "그러니까 서울에서 멀지 않고 산을 잘 타지 못하는 사람도 즐길 수 있는 곳으로 가면 되잖아. 그럼 청계산으로 가자"라고 자기주장하면 쉽게 관철시킬 수 있다.

이처럼 30대가 자기주장에 힘을 싣고 쉽게 관철시키려면, 영상의 주요 장면을 포착하듯 대화 포인트를 포착해 짧게 의표를 찌르면 된다.

직장 경력 12년차인 류혜정씨(36세). 여성 사이트를 운영하는 소규모 회사에 7년째 다니고 있다. 직원은 대부분 여자들이며 관계도 좋은 편이다. 기혼에 유치원 다니는 딸도 하나 있지만 자타가 공인하는 패션 리더이기도 하다. 몸매도 좋아서 튀는 옷도 잘 입는 편이다.

그런데 직속 상사로 온 40대 여자 과장이 어찌나 그녀의 옷차림을 간섭하는지 스트레스가 쌓여 회사에 다니기 싫어질 지경에 이르렀다. 문제의 과장은 류혜정씨의 대학 선배이기도 해서 그녀를 위한다며 사사건건 잔소리를 해댄다. 윗옷이 좀 많이 파이거나 바지 밑위가 짧아서 허리 부분이 보이기라도 하면 곧바로 다가와 "속옷 좀 잘 챙겨 입어." "허리 살도 많은데 골반바지가 어울린다고 생각해?" 하며 충고를 아끼지 않는다. 나름 패션 리더라 자부하고 있는 혜정씨가 유행하는 옷을 입고 출근하면 "그 옷에 네게 어울린다고 생각해?"라고 말해 기분을 망치기까지 한다.

　그녀는 사무실에 남자 직원도 없고 찾아오는 손님도 거의 없기 때문에 굳이 단정한 정장을 입어야 한다고 생각하지 않는다. 하루에 열두 번도 더 "과장님, 제 옷은 제가 알아서 입어요"라고 당당하게 주장하고 싶지만 대학 후배라며 너무 공공연히 자신을 챙기는 과장과의 갈등을 노출시키기 어려워 입도 뻥긋하지 못하고 속만 앓고 있다.

　며칠 전에는 남편과 싸우고 우울해진 기분도 전환할 겸 미니스커트를 입고 출근했다. 과장이 잔소리를 하면 분명히 자기주장을 하고 다시는 간섭하지 못하게 하겠다는 각오도 다졌다. 그러나 과장은 다른 때와는 달리 혜정씨를 휴게실로 불러내더니 "20대 애들이 미니스커트나 슬리브리스를 입고 오는 것도 보기 민망한데, 30대 중반에 아기까지 있는 당신이 이런 옷을 입고 와도 되느냐"며 노골적으로 비난했다. 혜정씨는 속으로 "저는 자가 운전자라서 출퇴근길은 물론 사무실에도 남자들을 자극할 일이 없고 단지 자기만족 때문에 이런 옷을 입는 것이니 신경 쓰지 마세요!"라고 주장하고 있었다. 그러나 과장이 생각보다 세게 나오자 당황해서 입 밖으로 주장하지는 못하고 말았다. 과장 잔소리 때문에 이 나이에 직장을 옮길 수도 없고, 그렇다고 과장이 원하는 단정한 옷은 입기 싫어 머리가 아프다고 하소연한다.

　직장인 하인규씨(31세)는 병원과의 분쟁에서 자기주장이 받아들여지지 않아 스트레스를 받고 있다. 그는 뒤늦게 취업한 대학 동창을 축

하하기 위해 모인 동문회에서 과음으로 인사불성이 된 친구를 집에 데려다 주고 오다가 아파트 계단에서 굴러 다리를 삐었다. 발목이 아팠지만 한밤중이라 병원에 갈 수 없어서 임시로 파스를 붙이고 압박 붕대로 고정한 후 잠자리에 들었다. 마침 금요일이었기에 주말까지 집에서 쉬었더니 통증이 많이 가신 듯했다.

월요일이 되어 동네 신경외과에 간 인규씨는 엑스레이 촬영을 하기로 했다. 의사는 손으로 촉진을 하고 엑스레이 촬영 결과를 검사한 후, 뼈에 이상이 없으니 걱정 말고 물리치료와 신경치료를 받으라는 진단을 내렸다. 그 말을 듣고 2주가 넘도록 그 병원을 다니며 치료를 받았지만 호전되기는커녕 통증이 더욱 심해졌다. 참을 수 없어 큰 병원에 가 다시 검사해 보니 왼쪽 발꿈치에 금이 갔다는 것이 아닌가. 게다가 의사는 "다치자마자 깁스를 했으면 빨리 나았을 텐데 왜 이제야 왔냐"며 질책했다. 화가 난 하인규씨는 동네 병원에 전화해 따졌지만 의사는 "그때는 엑스레이 상에 이상이 없었다. 절대 내 잘못이 아니다"라고 장황하게 자기 할 말만 하고는 전화를 끊어 버렸다. 의사가 미안하다고만 했어도 덜 괘씸했을 텐데 이런 식으로 나오자 그는 꼭 손해 배상을 청구해야겠다는 오기가 생겨 병원으로 달려갔다. 그러나 의사는 '환자 보는 중'이라며 만나주지도 않았다.

　류혜정씨는 과장의 잔소리가 시작되면 "어휴, 또 잔소리" 하며 귀를 틀어막지 말고 잘 귀담아 들었다가 허점을 포착해서 순간적으로 의표를 찌르면 쉽게 자기주장을 펼 수 있을 것이다. 과장이 "속옷 좀 잘 챙겨 입어." "허리 살도 많은데 골반바지가 어울린다고 생각해?"라고 말할 때 순간을 포착해서 "네, 허리에 살 더 붙기 전에 부지런히 입으려고요"라고 재치 있게 답변하면 '내 옷은 내가 알아서 입겠다' 는 자기주장을 펼 수 있다. 설령 과장이 "어이구, 언제 철들래"라고 푸념할지는 몰라도 순간적으로 의표를 찔려 논리적인 반론을 펼 수 없을 것이다.

　순간 포착으로 의표를 찌르려면 화내며 얼굴이 벌개지거나, 목소리가 격앙되거나 떨리지 않도록 냉정을 유지해야 한다. 평정심을 갖고 상대의 말을 귀담아 듣다가 재치 있게 의표를 찔러야만 상대방이 반론하지 못하게 만들 수 있다. 그러려면 매번 말꼬리를 달거나 말대꾸를 하지 말아야 한다. 매번 말꼬리를 잡으면 '말대꾸하는 사람' 이라는 이미지가 고착되어 주장의 내용이 가볍게 취급되기 때문에 의표를 찔러도 효과가 없을 수 있다.

　순간을 포착하여 의표를 찌르려면 타이밍을 잘 맞추어야 한다. 류혜정씨의 경우라면 과장이 골반 바지나 미니스커트, 깊게 파인 셔츠 등 개인 옷차림에 관한 이야기를 할 때 바로 그 옷에 관한 반론을 해야 한다. 이미 옷에 관한 잔소리가 끝나고 나이를 운운할 때 "왜요, 요즘 30대도 골반 바지 좋아한다고요"라고 말해 봤자 생뚱맞기만 해서 상대방의 웃음거리만 될 뿐이다.

하인규씨는 화가 난 순간 의사에게 전화를 함으로써 방어할 기회를 주어 자기주장을 펼치지 못했다. 잘잘못을 가려야 하거나 강한 자기주장을 펴려면 상대방을 안심하게 만들고 순간을 포착하여 의표를 찔러야 제대로 주장을 관철할 수 있다.

하인규씨는 아무리 화가 나더라도 의사에게 전화로 따지지 말고 직접 병원으로 찾아가 다시 등록한 다음 자기 진료 시간을 얻어 "큰 병원에서 발목뼈에 금이 갔다고 하던데, 어떻게 된 겁니까?"라고 제대로 따져 물어야 했다. 의사는 기다리는 다른 환자들도 받아야 하고 병원에서 소란이라도 날까 염려해 하인규씨의 주장을 함부로 거절할 수 없었을 것이다. 이 경우 의사는 장황하게 변명을 늘어놓을 가능성이 크다. 그럴 때 의사의 변명에 일일이 대답하지 말고 조용히 들어 주다가 이야기에 허점이 보이면 "그러니까 엑스레이기가 너무 낡아서 상처가 판독이 안 된다는 말이군요?" "선생님은 사진 판독을 잘 못하시는 분이군요?" 등의 말로 의표를 찔러야 한다. 그렇게 되면 상대방은 약자가 되기 때문에 당신이 어떤 주장을 펴도 거부하기 힘들 것이다.

궤변은 앵무새 기법으로
물리쳐라

"빨리 문 닫고 들어와!" 얼핏 들으면 이상하지 않지만 자세히 따져 보면 틀린 말이다. 문을 닫고 난 후에 안으로 들어오라고 하니 말이다. 문을 닫으면 들어올 수 없으니 이 말은 틀렸다. "들어와서 문 닫아"라고 해야 옳은 말이다.

이처럼 말은 물 흐르듯 휘익 지나가버리기 때문에 어느 정도는 문법에 맞지 않고 틀리게 말해도 관행적으로 해석하고 의미가 통하는 경우가 많다. 그런데 이런 관행적 의미 소통에 익숙해져서 잘못된 문장들을 아무렇지도 않게 사용하게 되면 논리가 부족하고 약점이 많은 궤변에 속아 인생을 망칠 수 있다. 말을 잘하는 사람 중에도 얼핏 들으면 청산유수인 말솜씨가 다 맞는 것 같지만 잘 들어보면 이치에 닿지 않는 궤변을 늘어놓는 사람들이 많다. 수많은 사기 사건과 각종 게이트가 뉴스에 등장하면 "바보도 아닌데 저런 거짓말에 넘어가다니" 싶을 만큼 빤한 거짓말에 넘어가 인생을 그르친 사람들이 많기도 하다. 그러나 이치에 맞지 않는 궤변은 사건화되고 뉴스에 나오기 전까지는 누구라도 넘어갈 수 있는 감언이설이다.

궤변에 속는 이유는 대부분의 사람들이 이성보다 감성이 앞서기 때문이다. 감성적인 사람들이 관행적인 언어 사용에 잘 넘어간다. 상대적으로 이성적인 사람들은 깐깐하고 잘 속지 않는다. 대부분 궤변가들은 상대방으로 하여금 의심하면서도 결국은 그 거짓 주장에 속아 넘어갈 만큼 달변이다. 그들은 사람의 희로애락 같은 감정이나 자존심, 자부심 등을 교묘히 이용해 얼토당토않은 논리로 상대의 이성을 마비시킨다. "네가 그 사람과 인연이 아니면 내가 찬성한다 해도 이 결혼은 이루어지지 않을 거야. 반대로 너희들이 인연이라면 내가 아무리 반대해도 결혼이 성립되겠지"라고 말해 자녀가 제대로 반박조차 못하게 하며 결혼을 반대하는 어머니의 말, "자네가 애사심을 가졌다면 당연히 절세에 가담해야 하네"라며 세금 포탈을 조장하는 사장의 말 역시 궤변에 속한다.

30대는 현실을 인식하고 있긴 하지만 '여기서 만족할 수는 없어. 내 인생에 뭔가 더 있을 거야'라는 희망의 끈을 놓지 않고 있는 나이다. 그래서 가끔 감성이 이성보다 앞서는 바람에 궤변에 넘어가기도 한다. 또한 30대는 직장 내 법적 직위는 낮아도 공금의 흐름 등 중요 사항을

자기주장 기술

한눈에 꿰뚫는 실권을 쥐는 경우가 많아, 상사가 궤변을 늘어놓아 공금 횡령에 가담하게 하거나 출장비를 부풀려 지출하도록 종용당하는 위치에 있을 때도 많다. 30대는 그것이 궤변이라는 것을 알고 마음으로는 "그럴 수 없습니다!"라고 당당히 거절하고 싶지만 실천하지 못해 남은 인생을 망칠 만큼 망설임이 많은 시기이기도 하다.

그러나 상대의 궤변에 속지 않고 자기주장을 펴는 앵무새 기법을 알면 그런 일을 예방할 수 있다. 궤변은 대체로 논리가 비약적이고 "문 닫고 들어와" 같은 허점이 숨어 있다. 얼핏 들으면 수학적이고 과학적인 수치까지도 이성을 곤두세우고 주의 깊게 들어보면 그 근거 또한 매우 허술하다는 것을 발견할 수 있다.

그러나 상사 또는 윗사람의 궤변에 "말도 안되는 소리입니다." "그런 일은 할 수 없습니다"라고 딱 잘라 항변하기는 힘들 것이다. 자기만의 원칙을 정하고 앵무새처럼 그 말만 반복해서 상대방을 질리게 하는 방법을 사용하는 것이 좋다. 상사가 궤변을 늘어놓으면서 공금 횡령에 가담하자고 권하면 못 알아듣겠다는 듯 "그건 제 소관이 아닙니다. 확인해보겠습니다"라는 말만 반복하는 것이 앵무새 기법이다. 상대는 "말귀를 못 알아 듣는구만." "사람이 왜 이렇게 답답해?" 하며 별별 회유책을 사용할 것이다. 그러나 그 궤변에 넘어가지 않고 당신의 주장을 확고히 하려면 끝까지 그의 말을 못 알아들은 것처럼 같은 말을 되풀이하는 앵무새 기법만큼 안전한 방법이 없다. 상대방이 지쳐서 포기하고 나가떨어질 때까지 앵무새가 되면 된다.

건설회사 경리과 대리 유기환씨(32세). 상사의 공금 횡령 사건에 연루되어 경찰서를 오가며 고통을 겪고 있다. 헤드헌터를 통해 스카우트되어 온 직속 상사가 수억의 공금을 횡령해 경찰에 입건되었기 때문이다. 그 상사는 입사하자마자부터 기환씨가 맡고 있는 자금 일보 작성부터 사장 결재, 은행 방문까지 모두 자기가 하겠다며 그의 업무를 가져갔다. 유기환씨는 경리뿐만 아니라 총무 일도 맡고 있었기 때문에 자금 관련 업무를 직접 챙기겠다는 상사가 고마웠다.

그런데 그 상사가 일년 6개월 만에 수억 원을 횡령한 사실이 밝혀지면서 불똥은 유기환씨에게까지 튀었다. 사장은 횡령에 기환씨도 가담했을 거라고 우겼다. "담당자가 가담하지 않으면 어떻게 횡령을 할 수 있었겠는가?"라는 궤변으로 기환씨에 대한 의심을 노골적으로 표현한 것이다. 그 증거로 사장은 기환씨가 딱 두 번 그 상사의 부탁으로 자금 일보를 자필로 올린 것을 제시했다. 그러나 유기환씨는 맹세코 상사가 자신의 업무를 덜어 주는 척하며 실무를 도맡았기 때문에 횡령 건에 대해서는 아는 바가 전혀 없었다. 그는 단지 상사가 "이 일보는 자네가 좀 쓰지"라고 말해 두 장을 자필로 쓴 것밖에는 잘못이 없었다. 그러나 사장은 일종의 증거인 그의 자필로 작성된 두 장의 일보와 검거된 사람이 그의 직속 상사였다는 점을 근거로 유기환씨의 가담을 거의 기정사실화할 뿐이다.

군 제대 후 세 군데의 직장을 전전한 끝에 자신이 원하던 규모의 회사의 회계 경리 팀에 들어온 서진섭씨(32세). 전 직원이 정규직이고 복지가 좋다는 이 직장에 뼈를 묻겠다고 결심했다. 그런데 서진섭씨가 업무에 익숙해지기도 전에 회계 경리 담당 이사가 그를 불러 놀라운 지시를 내렸다. 모든 직원을 일용직으로 돌려 고용, 의료보험, 산재 보험 연금 등 4대 보험과 각종 세금 액수를 최대한 줄이라는 내용이었다. 서진섭씨는 당연히 "그렇게 하면 안 되는 것 아닙니까?"라고 물었지만 이사가 "걱정하지 말게. 당신에게는 아무런 피해가 가지 않을 테니. 내가 누군가? 회장 측근 중에도 최측근 아닌가? 나를 믿고 내 지시만 잘 따르면 자네한테 좋은 일이 많을 걸세"라고 말하자 더는 자기주장을 밀고 나갈 수 없었다. 결국 서진섭씨는 이사의 지시를 따르고 말았다.

세금 등을 축소하는 일은 사장 결재까지 서진섭씨가 다 맡아서 하기 때문에, 자신이 입을 열지 않으면 아무도 알 수 없는 일이었다. 그런데 이사는 자기 자신도 일용직으로 되어 있어 결근하면 봉급을 깎아야 하는데, 자신만은 깎지 말고 정직원 때처럼 다 지급하라면서 한 달에 3-4일씩 무단결근까지 했다. 게다가 회사 경비도 개인적으로 사용하고는 "알아서 영수증 만들어 놓으라"고 지시했다. 서진섭씨는 이런 이사의 행동 때문에 점점 겁이 나고 마음이 불안하다. 그러나 이제 와서 "안 됩니다. 그렇게는 못합니다"라고 강하게 주장할 수도 없어 속만 까맣게 태울 뿐이다.

유기환씨는 억울하겠지만, 사장에게 자신의 결백을 주장하기 어려운 상황에 처해 있다. 회사의 자금 문제는 항상 크로스 체크를 할 수 있는 업무 배정을 원칙으로 한다. 간부 사원 한 사람이 돈을 다 관리하지 못하도록 부하 직원이 자금 일보를 작성하면 상사가 그것을 결재하고, 은행은 부하 직원이 다녀오지만 은행에 입출금할 금액은 상사가 결정하는 식이다. 그런데 유기환씨는 자기에게 주어진 임무, 즉 상사를 감시하는 축 하나를 놓아 버린 셈이다. 따라서 누구든지 유기환씨와 같은 상황에 처하면 단순하게 좋아하면서 상사에게 업무를 냉큼 넘겨줄 것이 아니라 "자금 문제는 민감하니까 사장님께 담당을 조절하려면 재가를 받아야 한다"고 당당하게 주장해서 사장 승인 하에 업무를 재배정받아야 한다. 조직 안에서는 의무가 단지 의무로 끝나지 않고 권리도 될 수 있다. 그렇기 때문에 상사가 공식적으로 업무를 지정해서 배분하지 않고 임의로 변경하는 것을 '그렇잖아도 업무가 많아서 힘들었는데 일을 덜어 주어서 고맙다'는 차원으로 단순하게 해석해서는 안 된다. 묻기 껄끄러워도 반드시 업무 조정의 범위와 공식승인 여부를 점검해야 한다.

뒤가 구린 사람일수록 큰 소리를 치는 법이다. 자기 마음대로 업무를 임의로 배정하고 뒷돈을 챙기는 상사는 "사람이 꼬장꼬장하게 왜 그렇게 따져? 내가 상사니까 내가 책임져! 걱정하지 마"라고 억지 주장을 펼 것이다. 그런 상사에게 굳이 바락바락 따지며 대들지 않더라도, 회의 중에 그 안건을 꺼내어 다른 직원들이 듣는 자리에서 "그럼 앞으로 그 업무는 공식적으로 부장님이 담당하신다는 말씀입니까?"라고 앵무새처럼 반복해야 한다. 상사가 질려서 다른 사람들 앞에서 "그래요. 앞으로 내가 맡지"라고 여러 직원들 앞에서 말하도록 해야 한다.

그렇게 해두면 유기환씨처럼 억울한 일을 당해서 결백을 주장해야 할 때 "그 상사가 부임한 후 회계 업무는 다 그분이 직접 맡는다고 ○월 ○일 ○시 회의에서 말씀하셨습니다"라고 똑똑히 말할 수 있다. 직장에서 공개적으로 한 말은 누군가가 "맞습니다. 회의 중에 분명히 그렇게 말씀하셨습니다"라고 증언해 줄 수 있는 여지를 만들 수 있다.

서진섭씨는 이사가 아무리 꼬드겨도 "그건 회장님이 직접 지시하셔야만 할 수 있는 일입니다"라고 앵무새처럼 반복해 주장하면서 이사의 세금 및 4대 보험료 축소 지시를 피했어야 한다. 이사가 "내가 다 회장님께 말씀드렸으니 걱정하지 말라니까"라고 우기면 "그럼 곧 공문으로 내려오겠네요. 그때 시행하겠습니다"라고 대답해야 한다. "이 사람이! 그런 걸 어떻게 공문으로 내려?"라며 강하게 협박해도 계속 이 말만 반복하면 "이 사람, 경력자라더니 말귀를 못 알아듣는구먼! 내 말을 그렇게 못 알아들어?" 화를 내면서도 어쩔 수 없이 자기주장을 철회할 것이다.

궤변을 물리치는 앵무새 요법에 성공하려면 상대방이 뭐라고 하든

차분하게, 미련할 만큼 자기 할 말만 반복해야 한다. 논리적으로 따박따박 따지며 자기주장만 강조하면 상대방은 체면과 자존심을 다쳐 두고두고 화풀이 대상이 될 수 있지만, 말귀를 못 알아듣는 척 앵무새 노릇을 하면 "어휴, 답답해" 정도로 끝나 후유증도 최소화할 수 있다.

정물화적 연역법을
사용하라

휴대전화 문자 메시지와 인터넷 리플에 익숙한 30대, 어릴 때부터 곤란한 말은 문자 메시지로 전하면 그만이었고 익명성의 채팅에 익숙해 책임질 수 없는 말을 혼자서 속 시원히 하는 일에 익숙하다. 그러나 얼굴을 마주하고 책임질 말을 하는 커뮤니케이션에는 약한 편이다. 그래서 많은 30대가 자신을 '우유부단한 사람'이라고 평가한다. 상사의 부당한 지시에 반대하지 못하고 할 수 없이 받아들이다가 억울하게 불이익을 당하거나 현실적인 선택을 회피해 인생이 꼬이기도 한다.

이러한 문화적 배경 때문에 30대는 귀납적으로 여러 추론을 설명한 후 결론을 맨 마지막에 놓는 주장법으로 주장의 힘을 약화시키는 경우가 많다. 짧고 간결한 표현에 익숙한 영상 세대에게는 결론을 미리 말하고 추론을 덧붙이는 연역적 표현이 더 유용하다. 그러나 주장에 자신이 없는 30대는 주장의 여러 근거들을 미리 내미는 귀납법에 안심한다. 그리고 자기주장의 정당성보다 받아들여지지 않을 가능성에 더 무게를 둔다. 그래서 속으로는 '무슨 일이 있어도 이번에는 아니라고 주장해야지' 다짐하지만 현실에 부딪히면 맥없이 꼬리를 내린다.

그러나 정물화적 연역법으로 핵심 메시지를 강화하는 방법을 익히면 그런 시행착오를 크게 줄일 수 있다. 정물화에는 항상 사과를 그린 것인가, 꽃을 그린 것인가, 그 꽃은 왜 그렸나를 알리는 제1주제가 되는 사물이 있다. 제1주제가 되는 사물은 원근법에 의해 가장 뚜렷하고 세밀하게 그린다. 그림자와 빛의 반사, 사소한 주름까지도 살아 있어 마치 진짜처럼 그리는 것이다. 다음으로 중요한 2주제는 약간 흐리게 그려서 제1주제를 돋보이게 한다. 3주제는 2주제보다 더 흐리게 해서 역시 제1주제의 배경이 되게 한다. 그 외 나머지 것들은 그림자와 본체가 뭉개져 간신히 형체만 알아볼 수 있도록 그래서 제1주제의 세밀함과 대비되도록 한다.

자기주장도 핵심 메시지를 정물화의 제1주제처럼 선명하고 명료하게 만들어야 한다. 나머지 부언 설명은 핵심 메시지를 강화하는 도구로 사용해야 한다. 그림은 오래 서서 감상할 수 있지만 말은 흘러가면 다시 끄집어내기 힘들다. 그렇기 때문에 자기주장의 핵심은 그림의 제

1주제보다 더 부각시켜야 한다. 간단한 주장은 부언 설명을 생략하고 한 번에 하나의 메시지만 전하도록 내용을 다듬는 것이 좋다. 일례로 같은 회사에 10년 동안 다녔다고 해서 상사가 함부로 반말을 사용하는 것이 싫다면 "저도 이제 후배도 있는데…" "사람에게는 체면이 중요한데…" 같은 주변적인 이야기를 꺼내어 주제를 흐리지 말고 "제 호칭을 제대로 불러주십시오"라고 결론을 먼저 말한 후 "이제 저도 후배들도 생겼는데 자꾸 그러시면 체면이 안 섭니다" 등의 부언 설명을 해서 호칭을 제대로 불러달라는 주장을 펴야 한다.

직장 경력 8년차 장내혁씨(33세)는 직속상사와 대화가 통하지 않아 직장 생활이 답답하다. 상사와는 거의 5년을 같은 부서에서 지냈지만 말이 안 통해 사오정 노릇을 한다. 상사가 주문 내용에 관한 문서를 대기업 거래처에 팩스로 보내려고 할 때 자신도 같이 보내려고 "그거 ○○회사 ○○부서로 보내시는 거죠?"라고 물으면 상사는 그의 말을 끝까지 다 듣지도 않고 "이 건은 그 건하고 다른 거야"라고 잘라 말한다.

장내혁씨가 더욱 답답해하는 이유는, 상사가 말할 때마다 양미간을 찌푸리는 버릇이 있어 그 모습을 보면 '내가 일을 제대로 처리하지 못한 건가?' 하는 자책감이 들기 때문이다. 그런 상사에게 너무 신경이 쓰여 '저 사람은 원래 저래' 라고 자신을 달래보지만 신경에 거슬리는 것은 어쩔 수가 없다. 마음 같아서는 그에게 다가가 "부장님, 저에게 기분 나쁜 것 있으세요? 저만 보면 인상 쓰시는 것 같아서요. 왜 그러세요?"라고 확실히 물어보고 상황을 깔끔하게 정리하고 싶다. 하지만 상사가 어떻게 받아들일지 확신이 서지 않아 아직까지 보류한 채 계속 스트레스만 받고 있다.

직장생활 7년차 무역회사 과장 안현식씨(35세)는 퇴근 후에나 휴일에도 회사 일로 자신에게 전화하는 상사 때문에 스트레스가 이만저만이 아니다. 지나치게 완벽주의자인 직속 상사는 점검한 일도 다시 한 번 점검해야만 직성이 풀리고, 아주 사소한 문제도 즉각 해치워야만 안심하는 스타일이다. 현식씨의 부서는 해외 발주와 발송 등이 잦은 부서라서 한 번 실수가 생기면 문제가 커진다. 그래서 그가 퇴근 전에 그날 업무에 대해 여러 번 보고하고 확인시켜 주었어도 상사는 반드시 퇴근 후 다시 그에게 전화해서 취조하듯 점검하는 것이다. 당장 그날 밤에 처리할 문제도 아니고, 못 미더우면 다음 날 아침에 물어도 되는데 굳이 밤에 집으로 전화하는 것이 불쾌하지만 "업무 이야기는 근무 시간에 끝내고 싶습니다"라고 당당히 주장하지 못해 불편을 감수하고 있다.

특히 상사의 전화가 불편한 이유는, 그가 뒷담화를 잘하는 사람이라서 전화를 하면 업무 이야기만 간단히 하는 것이 아니라 꼭 누군가의 험담을 늘어놓기 때문이다. 만약 안현식씨가 그의 뒷담화에 동조하지 않으면 동조할 때까지 제삼자의 흉을 보는 것이다. 그렇다고 귀찮아서 건성으로라도 동조해 주면 자신이 흉 본 사람에 대해 "안현식씨도 그렇게 말하더라"며 공표하고 다녀 민망한 일이 벌어지기도 한다. 그는 하루 빨리 상사와의 불편한 관계를 청산하고 싶지만 자기주장을 당당히 내세우는 일을 어려워하여 고통을 감수하며 지낸다.

위의 정내혁씨는 상사와 말이 통하지 않는다는 불만으로 인해 상사의 인상 쓰는 모습도 부정적으로 해석하며 불필요한 불편을 겪는 듯하다. 사람의 뇌는 한번 생각의 방향이 정해지면 그쪽에 집중하는 속성이 있다. 그래서 누군가를 미워하면 사사건건 미운 짓만 눈에 들어오는 것이다. 그 미운 짓이 들어오는 경로를 인위적으로 차단하지 않으면, 나중에는 아예 그 사람에게는 처음부터 좋은 면이 없었던 것으로 인식된다. 정내혁씨는 상사가 인상 쓸 때마다 신경 쓰이고 자기 때문인지 궁금하다면 상사에게 "그러지 말아 달라"고 주장해야 한다.

그러나 이런 상황을 잘못 말하면 오해가 커지고 면박을 받을 수 있다. 이럴 때는 핵심 메시지에 주력하는 정물화적 연역법으로 주장하는 것이 좋다. "부장님, 제가 뭘 잘못했습니까?"는 핵심 메시지가 분명한 말이다. 반면 "부장님, 뭐 안 좋은 일 있으세요?" "저한테 화나셨어요?" 같은 말은 본인의 해석이 가미된, 잘못 그린 정물화적 접근 방법이다. "왜? 나한테 안 좋은 일이 있으면 좋겠나?" "잘못이 없으면 왜 그런 자격지심을 갖지?" 등의 엉뚱한 해석을 낳을 수 있기 때문이다.

따라서 정물화를 그리듯, 제1주제인 '화를 낸 이유'에 초점을 맞추어 자신이 말하고자 하는 결론을 앞에 내놓는 연역법으로 말해야 한다. 그렇게 하면 상대방은 불필요한 오해 없이 '생뚱맞게 무슨 소리냐?'는 표정으로 바라보거나 "왜? 그렇게 생각했어?"처럼 가볍게 응수하도록 만들 수 있다.

말은 내용보다 전하는 방법이 더 중요할 때가 있다. 이런 주장을 할 때는 감정을 자제하고 평소보다 목소리 톤을 약간 낮추어서 무게를 싣는 것이 좋다. 말의 내용을 가볍게 흘리면서 목소리를 약간 높이 띄우면 주장의 힘이 약화되고 농담으로 흐를 수 있다.

안현식씨 역시 부장의 공적인 전화가 사적인 공간인 가정으로 걸려 오지 않도록 주장을 펴야만 이 문제를 해결할 수 있다. 그 역시 상대가 상사이니만큼 상처 주지 않고 오해 없이 주장을 받아들이도록 해야 한다. 그러려면 "근무 중에 일어난 일을 집까지 끌고 가면 스트레스만 받고 다음 날 업무도 잘 안됩니다. 아무 문제 없을 테니 회사 일은 회사에서 끝내게 해 주십시오"라고 핵심 메시지가 분명히 드러나게 말해야 한다. 핑계를 대며 "집에서는 전화 받을 상황이 아니어서…" "그 일은 낮에 다 체크했는데…" 등의 주제가 불투명한 말로 자기 생각을 말하면 자기주장으로서의 가치가 사라져 제대로 전달되지 않는다.

메아리 기법으로 조화롭게 주장하라

세일즈 기법 등 설득력 향상법 강사인 케빈 호건 Kevin Hogan과 윌리엄 호튼 William Horton은, 사람은 자신과 닮은 사람에게 호감을 느끼기 때문에 페이싱 pacing으로 상대방과 보조를 맞추면 설득력이 향상된다는 사실을 몇 가지 연구를 통해 발견했다. 페이싱이란 상대방과 목소리 톤을 맞추거나 얼굴 표정을 매치시켜 친밀감을 조성하는 것을 말한다. 페이싱의 범위는 호흡이나 다리 꼬기, 손짓 맞추기 등 매우 넓다. 까다로운 주장을 하기 전에 페이싱으로 분위기 조성부터 하는 것이 좋다.

페이싱 중에서 주장에 직접적으로 쉽게 사용할 수 있는 것은 '메아리 Mirroring 기법' 이다. 메아리 기법은 상대방이 한 말을 그대로 따라한 다음 끝에다가 자기 의견을 덧붙이는 기법이다. 국내 최고 MC이자 안티팬이 거의 없기로 유명한 개그맨 유재석씨의 핵심 화법이 바로 메아리 기법이다. 그는 게스트가 한 말을 따라한 다음 끝에 가서 한 번 비트는 위트로 인기를 구가하고 있다. 예를 들면 연예인 A의 친구가 "A는 어렸을 때 욕심이 많았어요"라고 말하면 "그러니까 A씨가 어렸을 때 욕심이 많았군요"라고 따라 말한 후 "그리고 지금도 그렇구요"라고만 덧붙여 웃음을 자아낸다. 그는 단지 "지금도 그렇구요"라는 말만 덧붙이지만 게스트나 관객, 시청자 모두 상처받지 않고 "그는 원래 욕심 많은 사람"이라는 메시지를 재미있게 받아들이도록 하는 것이다.

사람은 누구나 겉으로 드러내기 싫은 치부 하나씩은 가지고 있다. 회사도 마찬가지다. 자본금이 부족해 허덕이지만 회사 임직원들은 사원들이나 고객들에게 여유 있는 것처럼 허세를 부려야 살아남는다고 생각할 수 있다. 매출을 깎아 먹을 만큼 덤핑을 하면서도 이윤이 많이 나는 것처럼 부풀리기도 한다. 직원들도 그런 실정을 뻔히 알고 있지만 그 문제를 언급하지 않음으로써 조화를 깨지 않으려고 노력하는 경우가 많다.

그러다 보니 뭔가 획기적인 일을 하고 싶은 30대는 자신이 우유부단하고 자기 밥그릇도 못 찾아 먹는 무능한 사람으로 느껴지기도 할 것이다. 거의 덤핑 수준으로 수주를 받고도 "대기업 ○○ 회사에 납품

한다"는 자료 하나 만들려고 "1백원 투자해서 1천원 투자한 것처럼 만들라"고 닦달하는 상사의 주문이 무리라는 사실을 알지만 "돈 안 들이고 어떻게 물건을 잘 만듭니까?"라고 주장할 수 없는 것이다. 철없는 신입사원, 또는 입바른 소리를 잘해 이미 찍힌 직원이라면 몰라도, 직장생활 7-10년을 넘긴 30대로서는 차마 그런 주장을 펼 수 없을 만큼 경력이 쌓인다. 30대는 이미 그런 말을 하고 난 후의 사태가 불을 보듯 환하다는 것을 꿰뚫을 만한 나이인 것이다.

연인 사이에도 마찬가지다. 받아들이기 싫지만 묵인하고 받아들여야 할 일들이 있다. 남자친구 혹은 남편이 하향 지원으로 취업한 직장이 마음에 들지 않아도 "자기 회사는 왜 그 모양이야?"라고 대놓고 말하는 것은 아무런 유익이 되지 않는다. 상대방이 민망하게 면박을 주지 않으면서도 "그러지 말라"고 주장하고 싶을 때 메아리 기법을 사용하면 효과적이다.

주간 잡지사의 편집장 정아영씨(39세)는 일간지에서 오랜 경험을 쌓고 직급을 높여 스카우트되어 현 직장으로 왔다. 그러나 대형 잡지사와 소규모 회사의 시스템이 다르고 기자들의 습성도 달라 직장 생활이 녹록하지만은 않다.

주간지의 속성상 마감일에는 개인사를 제쳐두고 잡지가 제대로 나오는지 지켜보는 것을 직업적 양심으로 여기며 살아온 그녀가 가장 참기 힘든 것은 2-3년차 된 20대 기자들의 결핍된 직업 정신이다. 그들은 마감이든 뭐든 간에 "오늘은 애인 생일이어서 일찍 나가야 한다." "만난 지 백일이 되었기 때문에 야근할 수 없다" 등의 이유로 마감일에도 일찌감치 자리를 뜨는가 하면, 기획 회의에서 아이디어도 제대로 내놓지 않아 그녀 혼자 모든 일을 도맡는 경우가 많다. 며칠 전에는 입사 6개월도 되지 않은 20대 후반의 기자가 무단결근하는 바람에 그가 채워야 할 기사를 처리하느라고 집에도 들어가지 못했다.

정아영씨는 '잔소리하지 않아도 자기 일은 알아서 처리할 만한 지성인'들과 일해 왔기 때문에 이런 문화가 익숙하지 않다고 말한다. 이런 식으로 혼자 너무 많은 일을 하다 보니 악만 남아서 직원들에게 "마감일에는 절대 먼저 퇴근할 수 없다"고 강압적으로 주장하기까지 했는데, 기자들은 눈치만 보다가 아예 어디 간다는 말도 하지 않고 빠져나가 상사로서의 자존심까지 짓밟혀 더는 참을 수 없다고 하소연한다.

사법고시를 공부하다가 뒤늦게 취업한 직장에서 3년간 근무한 허수만씨(34세)에게는 대학 때 만나 친구처럼 지내는 여자가 있다. 그저 친한 친구일 뿐 애인 사이는 아니다. 그는 키 작고 귀여운 타입을 좋아하지 않는데 그녀가 바로 그런 타입이어서 성적 매력을 느껴본 적이 없다. 그러나 그 여자는 다른 남자를 만나지도 않고 술만 마시면 수만씨를 불러내 신세타령을 하는 등 마치 애인처럼 대한다. 그러다 보니 양쪽 친구들은 두 사람이 사귀는 것으로 인정해 버리고는, 나이도 찼으니 결혼하라고 권유하기도 한다.

　허수만씨는 그녀에게 친구 이상으로 생각하지 않는다고 선을 그었지만 그녀의 태도는 전혀 달라지지 않았다. 수만씨의 친구들은 "네 주제에 그런 미인을 두고도 딴소리하면 정신 나간 거지"라고 말하기까지 한다. 이제 나이도 있고 결혼도 생각할 시기인 것 같아서 그녀와의 관계를 확실히 정리하고 이상형을 찾고 싶은데, 이러한 상황에 묶여 자기주장을 펴지도 못하고 어정쩡한 나날을 보내고 있다.

　정아영씨는 20대의 특성을 몰라 직급이 높은데도 자기주장을 쉽게 관철하지 못하고 있다. 이처럼 세대차이가 느껴지거나 전에 하던 일과 성격이 달라서 주장이 먹히지 않을 경우, 메아리 기법을 사용하면 주장 관철이 쉬워진다. "마감 때는 일찍 퇴근하지 말고 대기하세요"라고 제안하려면 "마감이니까 모두 대기할거죠?"라고 먼저 묻는 것이다. 부하 직원이 "저는 오늘 여자친구와 백일이라서…" 하면 "여자친구와 백일?"이라고 따라 말한 다음에 "잡지가 펑크나도 가야 하나요?"라고 덧붙여서 다시 물어보라. 아무리 강심장을 지닌 20대라도 "그래도 가야 하는데요"라고 대답할 사람은 극히 드물 것이다.

자기 할 일을 다 하지 않고 칼퇴근하는 부하 직원, 의무는 소홀히 하고 권리만 주장하는 부하 직원에게 그 부당함을 지적하기란 쉬운 일이 아니다. 대부분 30대 중간 관리자는 오너도 아니고 의사 결정권자도 아니기 때문에 확고히 벌을 주거나 뭔가를 약속하기도 어려운 입장이다. 그러나 메아리 기법을 사용하면 강제성이 주는 거부감을 줄이고 친밀감을 조성할 수 있어 조화를 깨지 않고도 용이하게 주장을 관철할 수 있다.

허수만씨는 주변 사람들에게 자기주장을 분명히 하지 않아 혼란을 야기한 경우다. 이성 간에도 친구가 가능하냐는 어제 오늘의 논란거리가 아니다. 두 사람 모두 단지 친구 관계를 원하면 별 문제가 없지만 남녀의 호르몬은 어떤 공식에 따라 움직이지 않는다. 한 쪽은 그냥 친구로 생각하는데 다른 한 명은 그렇게 생각하지 않을 수 있다. 이럴 경우 단지 친구로만 지내고 싶은 사람이 자기 입장을 분명히 밝히고 연인이 될 수 없음을 확실히 주장해야 한다.

연애란 처음에는 둘만의 일이지만 시간이 지나면서 차츰 친구, 가족간의 교류로 확대되기 때문에 입장을 분명히 하지 않으면 타의에 의해 원하지 않는 결정을 내리고 후회하는 상황으로 몰리기도 한다. 반대로 너무 자기입장만 강하게 주장하면 상대방에게 큰 상처를 주어 두고두고 적이 될 수 있다. 이런 경우 메아리 기법을 사용하면 미묘한 사안을 가뿐하게 해결할 수 있다. 허수만씨는 친구들과 그 여자 앞에서 이 문제를 거론하며 "나도 그렇게 예쁜 여자랑 친하게 지내는 것은 영

광이지. 하지만 나는 가슴이 뛰는 상대를 원해. 그냥 친구로 남는 게 좋겠다"라고 분명하고도 단호하게 자기 생각을 밝히면 상대에게 크게 상처주지 않고 "그냥 친구로만 지내고 싶다"는 자신의 주장을 관철할 가능성을 높일 수 있다.

YB화법으로 기습하라

살다보면 내 주장을 관철시키는 것보다 타인의 주장을 방어하는 것이 필요할 때가 많다. 30대는 인생 좌표의 십자로에 있는 시점이어서, 자기주장을 관철하기보다 타인의 억지 주장을 꺾어야 인생의 장애물을 뛰어넘을 수 있는 시기다. 30대가 좌절하고 도전이 아닌 낙오의 길로 들어서는 가장 큰 요인은, 타인의 억지 주장을 꺾기에 실패하고 싫은 일을 감당하다가 시간과 열정을 낭비하는 것이라고 할 수 있다.

틀린 정보를 옳다고 우기는 상사, 자기 할 일은 잘 안하면서 남의 일에 참견하는 동료, 데이트 시간, 귀가 시간, 외식 약속을 조금만 어겨도 나쁜 사람 취급하며 자기의 억울함만 내세우는 배우자나 연인,

자기들만 잘났다고 뻐기며 상대방 가족 등을 폄하하는 이웃, 이런 사람들에게 그들의 주장이 억지스럽고 옳지 않다는 것을 증명하기란 엄청나게 어려운 일이다. 그러나 불가능한 일은 아니다. 서슬 퍼렇게 자기주장만 내세우는 사람도 상대방이 자기주장을 쉽사리 들어주지 않을 거라는 불안감을 가지고 있다. 그렇기 때문에 필요 이상의 강한 표현을 사용하면서 반론을 무시하려고 오버하는 경우가 많다. 따라서 그가 가진 반론에 부딪힐 거라는 예상을 뒤집으면 의외의 성과를 거둘 수 있다. 강심장을 가진 사람도 의외성에 부딪히면 쉽게 무너지기 때문이다.

강한 사람에게 의외성을 제시해 혼란을 겪게 하고 내 주장을 관철하는 기법이 바로 YB(Yes, But)주장법이다. 억지 주장을 펴는 상대편에게 "그래(Yes), 당신 말이 다 옳다"라고 말해 무장해제 시킨 다음 "하지만(but), 이러이러한 점도 고려해 달라"고 말해 상대방의 강한 공격성을 가격하는 것이다.

YB화법에는 주장이 첨예하게 대립하는 관계에서 상대방의 긴장을 확 풀어헤치는 효과가 있다. YB화법으로 크게 성공한 사람은 단연 노무현 전 대통령이다. 그가 초기 대통령 후보로 혜성처럼 등장했을 때 대다수 국민들의 예측을 꺾고 대통령에 당선되기까지 가장 중요한 역할은 한 것은 바로 "맞습니다. 맞고요…(하지만)"의 YB화법이었다.

당시 이회창 한나라당 후보의 "이건 안 되고 저것도 안 되고" 식의 부정적 견해에 맞서는 노무현 후보의 YB화법은 따뜻하고 포용력 있어 보였다. 이처럼 YB 화법은 팽팽하게 줄을 잡아당기고 있는 상대편을 느긋하게 만들어 예측하지 못한 순간에 갑자기 줄을 놓아 넘어뜨리는 효과적인 화법이다. 사람은 기대에 어긋나면 충격을 받고 충격을 수습하려면 시간이 필요하다. 그 타이밍을 맞춰 자기주장을 펴면 상대방의 예리한 반격을 피하면서 자기주장을 들이밀기가 쉬워진다.

진급이 더딘 공사公社 홍보실에 7년째 근무하고 있는 민아름씨(32세). 한 사무실에서 오랫동안 같이 있다 보니 대부분의 상사들은 그녀의 연차와 나이를 무시하고 "미스 민"이라고 부르며 반말도 존댓말도 아닌 어정쩡한 호칭을 사용한다. 나이 든 어른들이 그렇게 부르는 것까지는 시비할 생각이 없지만, 자기보다 훨씬 늦게 입사한 남자 직원들까지 자신을 그렇게 부르는 것에 모멸감을 느낀다. 정식 직급이 주어진 상황이 아닌지라 "왜 직함이 따로 있는데 신입 사원 부르듯 부르지요?"라고 말할 처지가 안 된다. 그러나 입사 연차도 늦은 남직원이 아랫사람 부르듯 함부로 자신을 부를 때는 송곳에 찔리는 것처럼 움찔움찔한다.

최근에는 최악의 남직원이 들어와서 이런 나쁜 기분이 더욱 심해졌다. 그는 다른 회사에 다닌 경력이 있지만 업무 관련성이 적어서 신입

사원으로 왔다. 그래서 민아름씨에게 일을 배워야 할 입장이다. 그런데도 그는 처음부터 말을 놓고 나이 든 상사들처럼 "민양" 혹은 "미스 민"이라고 부른다. 더욱 가관인 것은 일을 가르쳐 주면 "나도 다 알아요"라며 아는 척하는 것이다. 그래 놓고는 실수를 저지르면 "민양이 잘못 알려 줘서"라고 핑계를 댄다. 그런 그가 군 가산점과 유사 업무 경력을 인정받아 갑자기 민아름씨의 상사가 되었다. 그때부터 그 남자는 그녀를 더욱 함부로 대한다. 비용 지불 전표를 주면 휙 집어던지기까지 한다. 그러지 말라고 당당하게 주장하고 권리를 회복해야 하는데, 말이 잘 나오지 않아 문제를 해결하지 못하고 있다.

컴퓨터 사용이 많은 휴대전화 부품 생산업체 과장 박재하씨(36세) 업무를 떠넘기는 부하 여직원 때문에 골머리를 앓는다. 친절하고 남을 잘 도와주는 성격이라서 그 여직원이 입사 후 엑셀 작업을 제대로 못해 쩔쩔맬 때마다 도와준 것이 화근이었다. 여직원은 가르쳐 줄 때마다 따로 메모라도 해서 제대로 배울 생각은 하지 않고 매번 똑같은 문제를 들고 과장인 자신에게 달려온다. "아무리 해보려고 해도 잘 안되네요"라고 말하면 뭐라고 한 마디 하려다가도 그만두게 된다.

그러나 박재하씨가 보기에 그녀는 엑셀을 배울 생각이 조금도 없는 듯하다. 매번 가르쳐 주는데도 건성으로 듣고는 나중에 또 똑같은 질문을 하는 것만 봐도 알 수 있다. 계속 친절하게 가르쳐 주었더니 오히려 건방지게 "제가 배워서 하는 것보다 과장님이 직접 하시는 게 더 빠르겠네요"라고 아양을 떨며 자기 할 일을 과장 책상 위에 던져 놓고 가기도 한다. 주변 직원들은 두 사람의 관계를 의심하는 듯하다. 박재하 과장은 그녀에게 "제발 엑셀을 배워서 제대로 일 좀 해요"라고 주장해야 하는데 걸핏하면 사무실에서 울고 난리를 피우는 그녀에게 이런 말을 꺼내기가 쉽지 않다.

민아름씨는 연차가 아래인 직원이 상사가 되어서 여러모로 불편할 것 같다. 그러나 "권리 위에 잠자는 사람은 구제하지 않는다"는 독일 철학자 예링Jhering, Rudolf von의 말처럼, 자기 권리를 찾기 위한 최소한의 주장을 하지 않으면 불편한 관계는 청산되지 않을 것이다. 민아름씨처럼 껄끄러운 관계의 상사에게 자기주장을 펴려면 'YB 화법'을 사용하는 것이 좋다.

부하에서 상사로 진급한 그 남자가 "당신에 잘못 가르쳐 줘서 내가 실수했잖아"라고 말할 때는 속으로만 욕하면서 묵묵히 그 말을 듣고만 있을 것이 아니라, "아, 제가 잘못 가르쳐 드렸나보네요(Yes)"라고 일단 수긍하고서는 "(But)사람마다 알아듣는 방법이 다른데, 제가 이 일이 처음인 분은 못 알아듣게 설명했나 봐요"라며 약간 날카로운 가격을 하거나 "그 정도는 쉽게 알아들을 수 있을 줄 알았는데 … 좀더 자세히 가르쳐 드릴 걸 그랬지요?"라고 부드럽지만 무시할 수 있다.

그러면 아무리 뻔뻔한 사람이라도 "내가 잘못 가르쳐 줬네요"라고 말하는 사람에게는 기분이 나빠도 정면으로 공격하기는 어려울 것이다. 오히려 '어, 이 여자 제법인데? 함부로 하다가는 오히려 당하겠는걸'이라는 경각심이 생길 것이다. 그가 상사가 된 후에도 전표 등을 던지면 참지만 말고 "저 대신 던지시는 것 같네요"라고 말해 보라. 사람은 속마음을 들키면 자기도 모르게 움츠러들기 마련이고 조심하게 된다.

박재하씨의 경우 너무 우유부단하기 때문에 리더십을 발휘하지 못하고 있다. 박재하씨는 앞의 민아름씨보다 훨씬 더 자기주장을 펴기 쉬운 위치에 있다. 상사가 아닌 부하 여직원이기 때문이다. 다만 그 여자의 대응 방식이 두려워 입을 열지 못하는 우유부단함이 문제다. 그러나 YB 화법을 활용하면 문제를 쉽게 해결할 수 있다. 문제의 여직원이 "제가 배워서 하는 것보다 과장님이 직접 하시는 게 더 빠르겠네요"라고 아양을 떨 때를 기다렸다가 "물론 내가 직접 하면 ○○씨가 하는 것보다 훨씬 빠르지(Yes), 그런데(But) 그 일을 내가 다 하려면 ○○씨는 회사 나올 필요 없잖아?"라고 따끔하게 말하면 된다. 성격이 이상한 여직원이라도 자기 말에 수긍하는 동안 긴장을 풀기 때문에 뒷말이 강해도 울고불고 하며 원색적인 저항은 할 수 없을 것이다.

공을 넘겨주고 기다리듯
결정권을 넘겨주고 기다려라

한 기업체 강의를 마친 후 CEO의 초대로 함께 차를 마신 적이 있다. 그는 나와 단둘이 차를 마시며, 휘하 본부장 여섯 명이 첨예한 부서 이기주의를 내세우며 갈등해서 너무나 힘들다고 고백했다. 누구 한 사람의 손을 들어주고 그 건을 접어야 하는데, 각자의 의견이 논리가 분명하고 타당성이 있어 결단을 내리지 못하다가 모든 일이 지지부진해졌다는 것이다. 큰마음을 먹고 결정을 내리면 "사장이 누구누구만 편애한다. 어느어느 부서 사람들만 좋아한다"는 소문이 돌면서 직원 간의 반목이 심화될 가능성이 높아 쉽게 결정을 내리지 못한다는 것이다. 그는 내게 해결책을 알려달라고 이런 시간을 마련한 듯했다.

나는 "○월 ○일 ○시까지 여섯 분이 알아서 해결해 오십시오. 나는 무조건 그 해결 안에 따르겠습니다"라고만 고지하고 여섯 명이 알아서 결론을 내게 하라고 충고했다. 그 사장은 오랫동안 이 문제 때문에 골치를 썩여 왔던 터라 속는 셈치고 내 말대로 행했다. 그 결과 본부장들은 자기들끼리 결론을 내서 가져왔고 사장은 인심 쓰듯 그들이 낸 결론을 받아들여 문제가 원만하게 해결되었다. 그 사장은 그 후 항상 비슷한 문제가 생기면 결론은 자기들끼리 내리게 하고 있다며 감사의 뜻으로 좋은 녹차를 한 통 보내 주었다.

대부분의 사람들은 주장을 관철시켜야 할 때 서론부터 결론까지 모두 말하고 '예스(Yes)인지 노(No)'인지를 강요한다. 그러나 유치원생도 남이 내려준 결론을 그대로 따르고 싶어 하지 않는다. 자기 방식을 고수하는 것이 자존심을 살리는 일이라고 생각한다. 상대방이 받아들이기 어려운 주장일수록 자기가 처음부터 끝까지 다 말하고 상대방은 무조건 받아들이라는 식의 주장은 피하는 것이 유리하다. 하고 싶은 주장의 타당성을 논리적으로 설명하되 결론은 상대방이 내리도록 하는 것이 좋다.

일본이 작은 땅덩어리를 가지고도 세계적인 강국이 된 핵심 요인은, 자신이 결론을 내지 않고 상대방이 결론을 내게 하는 주장법을 아주 잘 활용한 덕분이라고 할 수 있다. 일본에 별 관심이 없는 사람들도 일본인들은 절대 겉으로 드러내지 않는 속마음 '혼네'와 겉으로 드러내는 '다테마에'를 갖고 있다는 정도는 잘 알 것이다. 일본인들은 겉으로는 매우 친절하지만 속으로는 무섭게 계산기를 두드린다. 그런데도 직접 대면한 상대방은 겉으로 보이는 일본인의 친절함에 넘어가기 쉽다. 일본인들은 비즈니스 협상에서도 절대 자기주장을 받아들이라고 강요하지 않고 특유의 친절을 베풀며 상대방이 자신들이 원하는 결론을 도출하도록 유도만 한다. 그러면 결국 상대는 일본이 원하는 결론을 내놓는다.

신중한 국민성을 가진 미국도, 꼼꼼하고 침착한 국민성을 가진 독일도 일본의 이런 주장법을 이기지 못했다. 북한 역시 이런 기법을 사용했다. 실질적인 권한을 쥔 미국하고만 협상하겠다는 자신들의 주장이 받아들여지지 않자, 예고 없이 핵실험을 해 세계적인 주목을 끈 다음 미국이 알아서 결론을 내도록 기다린 것이다. 성급해진 미국이 북한을 향해 "핵만 폐기하면 이것도 해주겠다. 저것도 해주겠다"는 회유책을 내놓도록 한 것이다. 아마도 북한은 자기들이 원하는 주장에 근접한 결론을 미국이 제시하면 그제야 수락함으로써 주장을 관철한다는 복안을 가지고 있었을 것이다. 그런 점에는 북한이 미국보다 노련한 주장 기술을 펼쳤다고 할 수 있다.

크고 복잡한 국제 문제뿐 아니라 기업과 기업, 기업과 개인, 개인과 개인 간에도 첨예한 이권이 걸려 있거나 상대방이 내놓기 싫어하는 것을 내놓으라고 주장해야 할 때도 결론을 상대편이 내도록 유도만 하는 주장법은 매우 유용하다.

직장 생활 8년차인 홍보회사 팀장 지혜선씨(34세). 옆자리로 옮겨온 같은 직위의 남자 팀장(37세) 때문에 엄청난 스트레스를 받고 있다. 팀원이나 팀장급은 무시하고 이사급들하고만 어울리는 것도 얄미운데다 나란히 붙어 있는 그녀의 책상 위로 서류 등의 잡동사니를 밀쳐낸다. 그는 화가 나면 서류더미들을 책상 위에 와르르 쏟는 습관이 있는데, 그것들을 쏟아 놓고 치우지는 않고 화장실이나 흡연실에서 한 시간 이상 있다가 돌아온다. 혜선씨는 지저분한 것을 참지 못하는 깔끔한 성격이라서 그가 돌아와 치울 때까지 기다리지 못하고 화를 내며 그것들을 치우고는 했다. 그러자 그는 자기가 어질러 놓은 것을 지혜선씨가 치우는 것을 당연하게 여기게 되었다.

이번에도 그는 상무에게 불려갔다 온 후 투덜거리며 서류 더미를 책상 위에 거칠게 쏟아 놓고는 화장실로 가 버렸다. 그녀는 더 이상 그가 쏟은 서류들을 치워 주면 안되겠다 싶어, 흩어진 서류더미가 신경에 거슬리기는 했지만 내버려 두었다. 그러자 한 시간 후에 자기 자리로 돌아온 그가 그녀를 쳐다보며 "어? 아직도 안 치웠네"라고 말했다. 그녀는 너무 어이가 없어 쏟은 사람이 치우라고 쏘아주었지만 그는 들은 척도 하지 않고 오히려 서류 더미를 슬쩍 그녀의 책상 쪽으로 밀쳐 놓고는 컴퓨터 키보드만 두들겼다. 혜선씨는 그것들이 너무 신경에 거슬려서 빨리 치우라고 종용했지만 그는 뻔뻔하게도 "아쉬운 사람이

치우세요. 전 이대로 좋거든요"라며 꿈쩍도 하지 않았다. 이번만은 반드시 자기주장을 관철해야겠다 싶어서 혜선씨는 화장실로 달아났다. 그러나 그는 그녀가 돌아올 때까지도 치우고 않고 버텼다.

연구소 지원부서 실장 서영주씨(36세). 연구소 특성상 연구원 한 명당 보조자가 한 명씩 있다. 서영주씨가 모시는 상사는 치질이 걸릴 정도로 책상 앞에만 앉아 있는 답답한 성격의 회계학 박사다. 사람들과 어울리지도 않고 연구실에만 있다가 퇴근하면 집에만 틀어박혀 있는 타입이다. 술도 즐기지 않아 술자리로 모시고 나가 평소 맺힌 것을 풀 수도 없다. 반면 서영주씨는 상사인 박사와 달리 매우 활동적인 성격이다. 다른 부서에 가서 정보도 얻고 외부 친구들과 통화도 많이 한다. 그런데 박사는 그가 휴대전화로 통화하러 자리를 5분 이상 비우면 헛기침을 하는 등 여러 신호로 '싫다'는 신호를 보낸다.

최근 박사는 베스트셀러가 확실하다는 개인적인 책을 집필하고 있다. 그런데 자료 조사와 워드 타이핑을 서영주씨에게 시키는 것이 아닌가. 연구소 업무가 기업체에 비해 한가한 편이기는 하지만 그렇다고 상사의 개인적 저서 집필을 도울 만큼 한가하지는 않다. 서영주씨가 답답한 연구소를 선택한 것도 그런 여유 때문이었다. 그런데 그 박사의 개인적인 집필 활동을 도우려고 빈번한 야근이나 늦은 퇴근을 감수할 수는 없었다. 그러나 "저는 박사님의 집필을 도울 수 없습니다"라는 주장을 당당히 펴지 못해 하루하루가 불편하고 불행하다.

앞의 지혜선 팀장은 자기 일이 아닌데도 자기 성격에 못 이겨 대신 해 주고는 그것에 익숙해진 남자 동료 때문에 스스로 스트레스를 만들었다. 남자 동료는 자기가 일을 저지르고 상대방이 결론('치워야겠다')을 내게 함으로써 자기 할 일을 남에게 미룰 수 있다는 자신의 주장을 관철한 셈이다. 이런 경우 '반드시 치워야 일이 잘 된다' '너저분한 꼴은 못 보겠다'는 최종 결론을 먼저 내리는 사람이 지기 마련이다. 지혜선씨가 남자 동료에게 '자기가 어질러 놓은 것은 자기가 치워라'는 주장을 똑똑히 관철시키려면 주변이 어질러져 있어도 끄떡하지 않고 버틸 수 있는 인내심을 길러야 한다. 그리고 그 남자가 서류를 쏟든 서랍을 뒤집든 관여하지 말고 내버려두는 배짱도 길러야 한다. 그리고 "그 물건들이 내 책상으로는 넘어오지 않게 하라"고만 말해야 한다. 상대방이 '내가 어질러 놓은 것은 내가 치운다'는 결론을 내기 전에 화장실로 달려가는 등의 방법으로 회피하면 기선제압에서 눌릴 수 있다. 주장이 관철될 때까지는 버텨야 한다.

서영주씨는 상사의 개인적인 저술 집필을 돕고 싶지 않은데 그 의견을 제대로 주장할 수 없어 몹시 불편해하고 있다. 서영주씨 역시 상사가 자신의 주장에 부합되는 결론을 내리도록 유도하면 그러한 불편을 최대한 해소할 수 있다. 방법은 연구소에서 일상적으로 하는 업무 목록을 만들어 상사에게 수시로 보여 주고 분주한 척하는 것이다.

사소한 일상생활도 글로 적어 나열하면 그럴 듯해 보인다. 따라서 전문적인 용어를 사용해 업무 내용을 적은 업무 일지를 만들어 수시로 결재를 받아 두는 것이 좋다. 결재 받을 때마다 "이번 주에는 이 일을 해야 하고 내일은 저 일을 먼저 해결해야 하고…" 등으로 반복적으로 들려주라. 그렇게 하면 상대편은 그제야 '이 사람이 생각보다 일을 많이 하는군'이라고 생각할 것이다. 이 방법이 잘 통하지 않으면 그의 집필에 필요한 자료 조사를 하는 척하면서 매번 "이건 어떻게 해야 하나요?"라고 물어 그가 "에이, 답답하긴. 차라리 내가 하지"라고 결론 내게 하는 것이 좋다. 처음에는 그렇게 하기가 민망하고 귀찮더라도, 결국 상사는 당신에게 개인적인 일을 맡기지 않는 편이 낫다고 생각할 것이다.

조삼모사 기법을 활용하라

우리는 어리석은 사람이나 상황을 조삼모사朝三暮四에 비유하고는 한다. 중국 춘추 전국 시대에 송나라에 사는 저공狙公이라는 사람은 원숭이를 많이 길렀는데 그 수가 너무 많아져 먹이를 대기가 힘들 정도였다. 그는 하는 수 없이 원숭이들의 먹이를 줄이기로 했다. 저공은 원숭이들에게 "앞으로는 도토리를 아침에 3개, 저녁에 4개로 주겠다"고 제안했다. 그의 제안을 들은 원숭이들은 크게 화를 내며 아침에 도토리 3개만으로는 배고파서 안 된다고 주장한다. 그러자 저공은 "그렇다면 아침에 4개를 주고 저녁에 3개를 주겠다"고 말했고 원숭이들은 기꺼이 그 제안을 받아들였다는 데서 유래한 이야기다.

원숭이뿐 아니라 사람도 자신의 욕구를 먼저 채워 주면 조건이 달라지지 않거나 심지어 다른 것을 빼앗기더라도 흔쾌히 받아들이는 심리를 갖고 있다. 따라서 주장을 관철하기 어려운 상대에게는 이 조삼모사 기법을 사용하는 것이 좋다.

   30대는 조직의 허리에 해당되는 직위를 갖는 시기다. 실질적으로 가장 말단 직원들을 이끌어야 하기 때문에 부하 직원들과의 의견 차이도 심심치 않게 발생한다. 특히 얌체 같은 직원은 쉽고 겉으로 드러나는 일만 맡으려고 잔머리를 굴리거나, 공동참여가 필요한 야유회나 MT에도 이 핑계 저 핑계 대며 빠져나가 팀의 조화를 깨뜨리고 중간관리자를 곤란하게 하기도 한다. 그렇기 때문에 조삼모사 기법은 30대에게 매우 유용하게 사용되는 주장법이다. 거래처에서 지나치게 낮은 가격으로 납품하라고 하거나 리베이트를 요구할 때, 셈이 흐린 사람이 지속적으로 돈을 꾸어 달라고 하거나 물건을 빌려 가 훼손시키고도 다시 빌려 달라고 할 때, 상대방에게 상처 주지 않고 "싫다"는 주장을 할 때 유용하게 사용될 수 있다.

   웹 디자이너 정은수씨(35세). 대학에서 디자인을 공부하고 군대를 다녀온 후 팬시 디자인, 웹 디자인 분야를 전전하다가 뒤늦게 회사에 입사하는 바람에 나이에 비해 직급이 낮다. 웹 디자인은 은수씨가 좋아하는 일이기 때문에 잦은 야근이나 철야는 기꺼이 감수할 수 있다. 그러나 40대 미혼 여성인 상사가 마치 일부러 그러는 것처럼 퇴근 무렵에 일거리를 던지면서 "이거 내일 납품해야 하는 것 알지?" 라고 말해 불필요한 야근을 시키기 때문에 스트레스를 받고 있다.

 결혼했고 유치원생 아들도 있는 은수씨는 가급적 근무 시간 안에 업무를 마치고 정시에 퇴근하고 싶다. 그러나 디자이너가 30세를 넘기면 창의력이 떨어져 구닥다리가 된다는 수군거림이 두려워 입도 벙끗 하지 못하고 상사의 지시를 수행하고 있다. 정은수씨는 상사에게 "제발 일거리를 미리미리 주세요"라고 소리쳐 주장하고 싶지만 독설가인 상사에게 핀잔이나 들을 것 같아 아무 소리도 못하고 있다.

 연년생 두 아들을 둔 진윤정씨(33세). 한 살 아래 기혼녀와 팀 프로젝트를 맡은 후 병이 날 정도로 스트레스를 받고 있다. 그 동료는 실적 올리기 쉬운 프로젝트라며 자기가 먼저 덤벼들어 그녀와 공동 진행하기로 결정된 상태였다. 그런데 막상 프로젝트가 시작되자 나 몰라라 하고 나가떨어졌다. 이유는 '남편이 도와준다고 했는데 장기 해외 출장을 가서 불가능' 하다는 것이다.

 프로젝트의 총 책임자인 직속상사는 추진력이 강하고 일을 맡으면 죽어도 해내는 불도저 타입이다. 40대 중반의 미혼이며 별다른 취미도 없이 회사를 위해 사는 사람이다. 그렇기 때문에 부하 직원의 개인적인 사정 같은 것은 이해하지 못한다. 그런데도 윤정씨의 동료는 프로젝트 진행이 시작되자 만만치 않은 일임을 파악하고 상사를 어떻게 꼬드겼는지 쏙 빠져나갔다. 그 상사는 그녀는 프로젝트에서 빼주고는

"○○씨 남편이 하기로 했는데 해외 나가서 못한다니까 윤정씨가 알아서 해요. 별로 어렵지도 않잖아"라고 말했다. 진윤정씨는 기가 막혀 말도 안 나왔지만 상사에게 부하 직원의 주장이 먹힐까 싶어 울며 겨자 먹기로 따를 수밖에 없었다.

앞의 정은수씨가 퇴근 무렵에 중요한 업무를 맡기는 상사의 지시를 거부하고 "제때 퇴근하고 싶다"는 주장을 관철시키려면 조삼모사 기법을 사용하는 것이 좋다. 상사에게 "오늘 이 일은 제가 하겠습니다"라고 미리 광고부터 한 후, 그리 어렵지는 않지만 남들이 하기 꺼리는 일을 도맡아 해버리는 것이다. 그런 식으로 미리 일을 많이 했다는 사실을 광고해 두면 아무리 독한 상사라도 "은수씨는 아까 일을 많이 했으니, 이 일은 ○○씨가 하지"라며 다른 사람에게 일을 배분할 가능성이 높아진다. 아까 일을 많이 했으면 지금은 쉬어야 한다는 고정관념이 작동할 것이다.

그런데도 많은 직장인들이 상사가 업무 지시를 내리기 전까지 수동적으로 기다리며 빈둥거리다가 상사가 시간 개념 없이 퇴근 무렵에 업무를 지시하면 그제야 투덜거린다. 그런 방식으로는 자기주장을 관철시켜 불만을 해소할 수 없다. 그러나 정은수씨와 같은 처지의 직장인이 상사가 일을 맡기기 전에 눈치껏 일거리를 찾아 "이건 내가 하겠습니다"라고 말하고 미리 미리 처리하면 상사의 뇌에는 '저 사람은 솔선수범해서 일을 많이 하는 사람'이라는 이미지가 형성되어 "이제는 좀 쉬어도 된다"는 말을 이끌어낼 수 있다. 그러면 결정적인 순간에 "오늘 저녁에는 집에 일이 있어서 일찍 가봐야 하는데요"라고 말해도 "업무 시간에 많이 일했으니 그래도 괜찮다"고 동의할 가능성이 높아진다. 사람도 아침에 4개朝四를 주면 저녁에 3개暮三를 주어도 관대히 넘어가는 심리를 갖고 있기 때문이다.

진윤정씨는 무책임하게 행동하는 동료 여직원과, 그것을 알아보지 못하고 그녀에게 속아서는 윤정씨에게 혼자 프로젝트를 진행하라고 명령한 상사 모두를 원망하고 있는 듯하다. 진윤정씨의 동료는 비록 얄밉기는 하지만 조사모삼朝四暮三의 주장법을 적절히 사용하여 자신에게 유리한 결과를 만들었다. 이럴 때는 윤정씨가 상사에게 먼저 "다른 일을 제가 할 테니 대신 이 공동 프로젝트는 실행 가능한 팀에게 맡겨 주십시오"라고 말했다면 일 중독자인 상사가 그녀의 꼬임에 넘어가지 않았을 것이다. 독일 병정 같은 상사에게도 먼저 찾아가서 "제가 이 일을 할 테니 그 일은 면제해 주십시오"라고 말하면 수긍하게 되어 있다.

2장

업무 능력을 인정받는 자기주장 기술

| 회의에서 자기주장 관철하는 법
| 프레젠테이션에서 자기주장 관철하는 법
| 보고로 자기주장 관철하는 법
| 지시로 자기주장 관철하는 법
| 협상에서 자기주장 관철하는 법

회의에서
자기주장 관철하는 법

　잘나가는 회사일수록 회의가 많다. 회의로 하루가 시작되고 회의로 하루가 저문다고 해도 과언이 아니다. 회의가 길어져 출퇴근 시간을 조정해야 하는 경우도 많다고 한다. 회의는 상명하달 식 커뮤니케이션 방법을 수평적으로 바꿀 수 있기 때문에 기업 간의 경쟁이 치열해질수록 회의의 중요성도 커진다. 한 사람의 의견보다 여러 사람의 의견이 낫고, 여러 사람의 의견보다 그 의견을 파일처럼 쌓아 하나의 의견으로 통합하는 것이 더 큰 경쟁력을 갖기 때문이다. 그래서 회의는 조직 내 서열에서 오는 계급장을 모두 떼고 자유롭게 주장을 펼 수 있는 장이 되어야 한다.

　그러나 매순간 조직의 수열조합에 따라 크고 작은 일처리가 컨베이

자기주장 기술

어 벨트처럼 연결되는 조직 안에서 계급장 떼고 자기주장을 편다는 것은 비현실적인 이상에 불과하다. 그렇기 때문에 회의는 많이 하지만 정작 회의 내용은 별 것 없는 경우도 많다.

최근에는 회사마다 이러한 문제점을 해결하기 위해 부하 직원들의 발언권 보장을 위한 여러 장치들을 개발하고 있다. 그 덕분에 직원 입장에서는 잘만 하면 평소 직접 대면하기 어려운 임원진에게도 자신의 역량을 보여줄 수 있는 장으로 회의를 활용할 수 있다. 그러나 회의를 이런 식으로 활용하려면 '계급장 단 태도로 계급장 뗀 것'처럼 말할 수 있어야 한다. 회의 중 자기도 모르게 한 행동이 회의의 흐름을 방해하지 않도록 회의 중 자기 역할을 분명히 해야 하며, 회의 중의 발언 방법을 익혀야 한다. 먼저 회의 중 자기 역할을 어떻게 포지셔닝하는 것이 좋을지부터 살펴보자.

회의의 역할 분석법

회의가 열리면 자기 자신은 모르지만 참석자들은 당신이 회의 중에 어떤 역할을 하는지 잘 안다. 그 역할은 일반 업무 중에도 나타나며 결국에는 당신의 직장 내 이미지를 형성하는 근간이 된다. 따라서 이번 기회에 당신이 회의 중에 어떤 역할을 해왔으며, 그것이 어떤 이미지를 형성하는지 진단해보고 그것을 바로잡는 방법을 찾아보자. 특히 30대면서 회의를 주재할 입장에 있다면 부정적 역할을 하는 참가자들을 통제하고 긍정적 역할을 하는 사람을 격려함으로써 회의 중의 리더십을 발휘해야 하기 때문에, 두 가지 유형을 모두 알아 두어야 한다.

미국의 커뮤니케이션 학자들이 회의 중 역할을 구분해 놓은 것들을 소개하겠다. 먼저 부정적 역할을 하는 유형이다.

1. 천상천하 유아독존형_ Ego tripper

회의 발언권을 독점하고 타인의 주장에 냉소적인 태도를 보여 다른 참석자가 모멸감을 느끼게 하는 유형이다. 자기 발언만 내세우며 남의 의견을 묵살하기 일쑤다. 이런 사람 때문에 회의 방향이 왜곡되거나 조기 종료되기도 한다. 의장이 리더십을 발휘하여 회의 중 이렇게 행동하는 사람을 바로잡아야 회의의 결과가 좋아진다.

2. 반대를 위한 반대형_ Above it all

옳고 그름에 상관없이 무조건 타인의 의견은 반대하고 보는 유형이다. 상대방의 의견을 묵살하기 위해 궤변을 불사한다. 그러나 정작 "무엇을 어떻게 하라"는 자기 의견은 없다. 이런 사람이 많으면 의사소통 장애가 일어나 회의가 소강상태에 빠지기 쉽다. 의장은 이런 사람에게도 "반대만 하지 말고 좀더 들어보자. 다른 사람에게 발언 기회를 주자" 등의 말로 이런 유형이 회의 분위기를 좌지우지하지 못하도록 통제해야 한다.

3. 난 몰라요형_ Negative Artist

다른 사람의 발언에 귀를 기울이지도 않고 별다른 의견도 내지 않는 유형이다. 문턱에 한 발만 들이밀고 보는 관찰자의 입장에 서 있다. 매사에 냉소적이고 협조도 잘 하지 않는다. 평소에도 적극적으로 업무를 수행하지 않고 딱 책임을 피할 정도로만 일하는 유형이다. 당신이 중간 관리자라면 회의 중은 물론 일상 업무 시간에도 이런 유형의 사람을 어떻게 다루느냐에 따라 리더십을 평가받게 된다.

4. 그게 뭡니까형_ Aggressor

타인의 주장이 자신과 다르거나 자기 마음에 들지 않으면 면박을 주어 회의 분위기를 전쟁터처럼 몰아가는 유형이다. 회의 중에 싸우거나 남의 인격을 모독하는 행동으로 회의 분위기를 살벌하게 만들기도 한다. 평소에는 의리가 있고 열정적인 듯 보이지만 전체의 조화를 깨기 때문에 조직 생활에는 그다지 적합하지 않다. 당신이 의장이라면 '무서워서 피하는 게 아니라 더러워서 피하는' 존재가 될 가능성이 크다. 그러나 의장은 이런 사람에게 휘둘리지 말고 중간에 그의 발언을 끊으며 "인신공격은 하지 맙시다" 엄중히 경고하고 통제해야 한다.

5. 왜 사냐면 웃지요형_ Joker

진지한 발언도 농담으로 만드는 유형의 사람이다. 좌중을 웃기며 즐거운 분위기를 만들지만 회의 분위기를 엉뚱하게 몰고 가거나 진지한 발언을 한 사람을 무안하게 만들어 회의의 질을 떨어뜨린다. 많은 의장들이 이런 유형의 발언에 넘어가 농담에 휩쓸려 버리는 경우가 많다. 당신이 30대 중후반이고 회의를 주재하는 위치에 있다면 이런 사람의 농담에 절대 따라 웃지 말고 "지금 농담할 때가 아닙니다. 진지하게 참여해 주시기 바랍니다"라고 주의를 주어 분위기를 다시 진지하게 환원시켜야 회의를 성공적으로 이끌 수 있다. 당신이 의장이 아니라 단순 참가자라 해도 이런 경우에는 "이 일은 좀더 신중하게 다뤄야 합니다" 등의 우회적 표현으로 좌중이 농담에 휩쓸리지 않도록 균형을 잡아 주어야 한다.

회의 성공은 기업의 경쟁력이자 참석자 개개인의 경쟁력이기도 하다. 당신이 의장이라면 참가자들의 성향을 파악하고 부정적 역할을 하는 사람을 긍정적 역할자로 변모시켜야 당신이 맡은 조직의 경쟁력을 높일 수 있다. "당신은 왜 회의 때마다 부정적 역할을 하는 거지?"라고 따끔하게 야단치는 것만으로는 바로잡을 수 없다. 공적인 자세로 주의를 주거나 발언을 제재하고 균형을 잡아야 한다. 아직 회의를 주재하는 입장이 아니라 주요 발언자 그룹에 속한다면 적어도 이런 부정적 역할로 미움을 사지 않도록 조심하라. 당신은 잘 알지 못해도 참석자들은 다 파악하고 있기 때문에 부정적인 역할을 맡는다면 직장에서 성공하기는 힘들 것이다.

그렇다면 회의에서의 긍정적 모델은 어떤 사람들일까?

자기주장 기술

1. 걱정하지 말고 다 말하세요형_ Encourager

발언에 자신 없어 하거나 주저하며 발언을 꺼리는 다른 참석자의 발언을 보충 설명해서 완성해 주거나 "괜찮으니 다 말하라"고 격려하는 유형이다. 누군가가 그 사람의 발언을 공격하면 "그러지 말고 끝까지 들어봅시다"라고 말해 발언자를 안심시켜 준다. 이런 유형의 사람이 의장이라면 회의가 제대로 진행될 수 있고, 단순 참석자라면 전체 회의 분위기를 균형 있게 만들 수 있으며, 개인적으로는 자신의 리더십을 돋보이게 할 수 있다.

2. 정리맨형_ Clarifier

회의 중간에 주제와 어긋나는 말들이 오가면 거침없이 딱딱 정리하는 유형이다. "이것은 이 의제와 맞지만 이 말은 틀리다." "지금까지 김대리는 이런 주장을 했고 형준씨와 지영씨가 보충 발언을 했다"는 식으로 중간 정리를 잘하기 때문에, 논쟁이 심하거나 공격적으로 흐르는 분위기를 바꾸고 회의가 엉뚱한 방향으로 나가지 않도록 조율하는 역할을 한다. 이런 유형 역시 의장 자질이 있다. 의장이 아닐지라도 회의가 엉뚱한 방향으로 빠지지 않도록 균형을 잡아 주어 회의가 올바르게 진행되도록 해서 자신의 능력을 크게 인정받을 수 있다.

3. 조화 메이커형_ Harmonizer

공격적이고 발언을 독점하는 부정적 역할자에게 "그러지 말고 차례대로 발언합시다." "싸울 필요는 없으니까 냉정하게 객관적으로 다시 발언합시다"라고 제안해서 회의가 중지되거나 소강상태에 빠지는 것을 막아 주는 유형이다. 자기주장이 강한 편은 아니고 주로 타인의 의견을 조율하는 역할이라서 의장보다는 참석자로서 바람직하다.

4. 아이디어 뱅크형_ Idea generator

기발한 아이디어, 남들의 주목을 끌 만한 발표를 많이 하는 유형이다. 같은 이야기가 반복되며 회의가 진전되지 않을 때 활기를 불어넣는 청량제 역할을 한다. 현실성이 부족할 만큼 기발한 생각을 내놓아 참석자들의 제재를 받기도 한다. 그래도 이런 역할을 하는 사람이 있어야 회의의 결과가 만족할 만한 수준이 될 수 있다. 30대 초·중반에게 가장 필요한 역할이기도 하다.

5. 바람잡이형_ Ignition Key

회의에 활력이 없고 진전이 없을 때 회의 분위기를 반전시키며 바람을 잡는 유형이다. 업무 중에도 "오늘 회식 한 번 하죠?" "자, 오늘은 모두 야근 생략하고 칼퇴근합시다!" 등으로 바람을 잘 잡는다. 이런 유형의 사람은 자기주장도 잘 관철한다. 그러나 중간자의 입장인 의장은 진행자로서 중립을 지켜야 하기 때문에 이 역할을 맡지 않는 것이 좋다.

이처럼 회의에서는 발언 내용도 중요하지만 역할도 매우 중요하다.

그러므로 회의 중 자신의 역할에 대해 연구하고, 이제껏 부정적인 역할을 해왔다면 긍정적으로 바꿀 방법을 모색해야 한다.

회의 발언 강화법

회의에서 긍정적인 역할을 하려면 발언 내용을 미리 준비해 두어야 한다. 우리나라 기업들이 회의는 자주, 길게 하지만 결과는 빈약한 이유는, 사전 준비도 없이 갑자기 "회의합시다!"라고 고지한 후 막연하게 회의를 열기 때문이다.

충실한 내용과 결과가 있는 회의를 하려면, 적어도 참석자들에게 일주일전, 불가피하면 하루 전에라도 "이러이러한 주제로 회의를 하겠다"라고 고지하고 필요한 사전 자료나 데이터 등을 조사해 오도록 해야 한다. 상부 지시를 전달하거나 정보를 제공할 목적의 회의는 사전 고지 없이 그때그때 가져도 상관없지만, 직원들의 의견이 필요한 회의라면 결코 즉흥적으로 해서는 안 된다. 사람의 뇌는 하나의 과제를 주고 그것을 풀도록 하면 그와 관련된 정보들을 모으려고 노력한다. 그러나 생각나는 대로 말하고 그때마다 결과를 즉시 얻으려고 하면 제대로 된 정보를 모을 수 없다. 그렇기 때문에 평소 자신의 생각을 피상적으로 말하고 시간 때우는 데서 그치는 회의만 하고 마는 것이다. 그런 회의는 오히려 업무만 방해하고 고용자들의 근로 시간만 축

낼 뿐이다.

　당신이 중간 관리자라면 회의 의제를 미리 주고 반드시 그에 관한 의견을 준비해오도록 한 후 회의를 열도록 하라. 그리고 각각의 업무에 지장을 받지 않도록 반드시 고지한 시간에 맞추어 회의를 시작하라. 의장이 시간 약속을 지키지 않으면 참석자들은 '언제 회의하지?'에만 신경 쓰다가 다른 일을 제대로 할 수 없어 그만큼 시간을 낭비하게 된다. 그 시간을 인건비로 나누고 곱해 보면 당신이 회의 시간을 지키지 않아서 발생하는 손실이 얼마인지 계산할 수 있다. 거기다가 정신적으로 '곧 회의한다니 이 일은 나중에' 하며 미뤄둔 일의 성격에 따른 정신적 피해는 금액으로 환산할 수도 없을 것이다.

　회의가 시작되면 의장은 참석자의 발언 시간을 조절하고 통제해야 한다. 한 사람이 너무 발언을 길게 하면 "요약해서 요점만 말해 달라"고 주문하고 발언을 회피하는 사람에게는 "아무개씨도 발언해 달라"고 해서 회의의 균형을 맞춰야 한다. 의장이 아닌 참석자의 입장이라면 발언을 독점하거나 하위직급 사람의 발언을 함부로 공격하지 않도록 조심해야 한다. 또한 다른 사람들보다 먼저 단정적으로 발언하여 하위 직급자들이 발언하는 것을 부담스러워 하지 않도록, 가급적 하위 직급자가 먼저 발언하도록 기다린 다음 누군가가 자신과 비슷한 발언을 하면 보충해서 의견이 완성되도록 돕는 것이 바람직하다. 그러면 자기주장을 펴면서도 갈등 없이 반론을 막아낼 수 있다.

　30대라면 가능한 정확한 데이터와 근거를 토대로 발언하여 전문성이 돋보이게 하는 것이 좋다. 간결하고 명료하게 발언하되 타인을 공격하는 말투나 인신공격 등은 특히 주의해야 한다. 30대는 회사에서 어느 정도 발언권을 갖는 위치에 있다. 그렇기에 '직장 내 최고의 직위까지 도전하느냐 아니면 중도 포기하고 전직하느냐'라는 두 갈래 길에서 결정을 내려야 할 때, 회의에 임하는 태도가 절대적인 영향을 미칠 수 있다고 해도 과언이 아니다. 회의에서 영향력 있는 자기주장을 당당하게 펼치고, 긍정적인 인상을 보여 주려면, 아무 생각도 준비도 없이 회의에 참여하지 말라. 회의에서 자신이 수행할 역할을 미리 생각해 보고 주장할 내용도 사전에 숙지해 두어야 한다. '아이디어는 다 내 머릿속에 있는데 매일 하는 회의에서 할 말을 미리 준비할 필요가 있겠어?'라고 안이하게 생각하는 사람은 이미 조직에서 긍정적인 평가를 받지 못하고 있을 가능성이 크다.

프레젠테이션에서 자기주장 관철하는 법

대부분의 회사가 프레젠테이션 발표 기회를 많이 제공하고 있다. 상사나 경영진에게 내는 기획서부터 납품계약, 사업 수주, 외부 영업에도 프레젠테이션 형식으로 발표하는 경우가 많아졌다. 한 인터넷 취업포털 사이트가 직장인 1,256명을 대상으로 한 설문조사에서, '업무상 능력을 인정받기 위해 직장인에게 가장 필요하다고 생각하는 것'을 묻는 질문에 '프레젠테이션 능력'이라는 응답이 33.7%(423명)로 가장 많았다. 이처럼 현대 직장인들이 크게 관심을 두고 있는 분야가 바로 프레젠테이션이다.

특히 중간 관리자인 30대는 회사의 사활이 걸린 사업 수주와 납품 계약을 위한 프레젠테이션을 진행해야 할 때가 잦아 부담이 클 수 있

자기주장 기술

다. 프레젠테이션은 혼자서 여러 명을 상대로 자기주장을 펴야 하고 그것이 받아들여지지 않으면 치명적인 손해를 입을 수 있기에 어떤 주장법보다 기술이 필요한 분야다. 이 기술을 잘 익히면 한순간에 자신의 역량을 발휘할 수 있고 회사의 중요 인물로 떠오를 수도 있다.

직장인들이 여러 경로를 통해 프레젠테이션 방법을 배우고도 이를 부담스러워 하는 이유는 간단하다. 프레젠테이션은 단순히 경험만 많이 쌓는다고 잘할 수 있는 것이 아니기 때문이다. 프레젠테이션이라면 자신만만해하던 사람도 상황이나 청자들이 바뀌면 몸과 목소리를 떨면서 횡설수설할 수 있다. 스케이트를 잘 타는 사람도 회전 각도와 타이밍, 장소에 따른 몸의 기울기 같은 과학적인 데이터를 토대로 한 기술을 익혀야 큰 시합에서 좋은 성적을 거둘 수 있듯이, 프레젠테이션을 잘하려면 체계적인 기술을 배워야 한다.

프레젠테이션으로 자기주장을 관철하는 몇 가지 기술을 배워 보자.

떨지 않고 말하는 법

프레젠테이션을 앞둔 직장인들이 가장 크게 걱정하는 것은 '단상에 섰을 때 떨리는' 상태다. 며칠씩 밤을 새며 열심히 준비한 알찬 내용이라도 떨리는 목소리로 전달하면 호감도와 신뢰감은 크게 떨어진다. 그러나 프레젠테이션 현장에서 '얼마나 잘하는지 지켜보자' 는 후배들의 눈, '쓸 만한 소리인가?' 채점하듯 바라보는 상사들의 표정, '어디 이상한 내용, 흠 잡을 데는 없나?' 분석하고 있는 고객들의 표정을 직면하면 대기 순간부터 실패를 연상하며 떠는 사람들이 아주 많다. 사람의 뇌는 자신이 생각하고 있는 일에 집중하고 그 방향으로 나아간다. 그렇기 때문에 생각을 실패에 맞추면 더욱 두려워진다. 실패할까 두려워서 몸과 목소리가 떨리는 바람에 잘 준비한 프레젠테이션인데도 자기주장을 제대로 펴지 못해, 걱정했던 것처럼 실패하기 쉽다.

준비가 다소 미흡하더라도 대기 상태부터 프레젠테이션의 성공 모습을 상상하면 마음이 안정되어 떨림이 크게 줄어든다. 프레젠테이션을 성공적으로 마쳐서 상사와 동료들에게 칭찬 받는 광경이나 고객의 찬사를 들으며 수주를 따는 광경을 연상하라. 잘 되지 않으면 아예 눈을 감아 버려라. 이것만 실천해도 프레젠테이션을 앞두고 실패를 상상하거나 이전의 실패들을 곱씹었을 때와 전혀 다른 결과를 가져올 수 있을 것이다.

떨림을 방지하려면 사전에 몇 가지 주의를 해두는 것이 좋다. 첫째, 현장에서 사소한 일에 너무 마음 쓰지 말라. 프레젠테이션 중에 의상, 구두, 머리 모양을 신경 쓰는 일이 없어야 한다. 중요한 프레젠테이션이라 새 옷을 처음 입었는데 '너무 튀는 옷은 아닐까?' '넥타이 칼라가 너무 화려하다고 사람들이 수군거리지는 않을까?' 우려해서는 안 된다. 이런 주변 상황을 신경 쓰다가 정작 중요한 프레젠테이션 내용 전달을 망칠 수 있기 때문이다. 그렇기 때문에 중요한 프레젠테이션에서는 한 번도 입지 않은 새 옷은 피하는 것이 좋다. 이미 몇 번 입어서 친숙해진 옷, 품새 등이 넉넉하고 잘 맞아 신경이 쓰이지 않는 옷이 좋다.

둘째, 프레젠테이션 중간에 기기가 제대로 작동되지 않거나 자료의 순서가 헷갈리면 크게 걱정되고 떨리기 마련이다. 기기는 시작 직전에 다시 한 번 철저히 점검하여 이상이 없는지 확인해야 한다. 셋째, 낯선 장소는 긴장감을 더하기 때문에 가급적 사전에 프레젠테이션 장소를 방문해 두는 것이 좋다. 사내 회의실처럼 익숙한 장소도 의자 배치나 연단 위치가 달라지면 낯설어지기 때문에 긴장할 수 있다. 사전에 한 번 방문해 눈으로 익혀 두는 것만으로도 안정감을 지닐 수 있다.

마지막으로 지나치게 많은 데이터와 시각 자료 준비로 잠을 설쳐서는 안 된다. 그것이야말로 본말이 전도된 행동이다. 청중은 자료의 충실도가 아니라 발표자의 열정과 정직성 등을 직접 듣고 싶어 한다. 자료만 필요하다면 굳이 프레젠테이션 자리에 참석할 필요 없이 자료만 보내달라고 했을 것이다. 지나친 자료 준비보다는 현장에서 자연스럽게 열정적으로 발표할 수 있는 컨디션을 유지하고 내용을 효과적으로 전달하는 기술을 연마해야 한다.

주장을 돋보이는 자료 준비 방법

프레젠테이션에 실패하는 사람은 대부분 짧은 시간 동안 너무 많은 것을 전달하려다 부작용을 유발한다. 내용이 너무 많아 듣는 사람이 뭐가 뭔지 알아듣기 힘들다면 바람직한 프레젠테이션이 아니다. 청자는 억지로 힘들어서 내용을 들으려 하지 않는다. 청자는 쇠고기 서너 근 잘라다 던져 놓고 '요리해 드시오' 하면 기겁하며 떠나 버리는 사람들이다. 고기를 제대로 양념해 불고기로 구워 주고 수저까지 쥐어 줘야 겨우 입에 집어넣는 수동적인 사람들이다. 그렇기 때문에 주제를 가능한 간결하고 명료하게 압축해서 별 생각 없이 들어도 이해할 수 있도록 단순화해야 한다.

훌륭한 프레젠테이션으로 유명한 전 GE의 CEO 잭 웰치는 복잡한 사업 설명, 수많은 직원 감원 후 비전 제시 등도 압축된 하나의 용어를 만들고 그것을 쉽게 푸는 방식으로 전달해 듣는 사람의 이해를 도왔다. 그가 가장 중요시한 인재경영에 대해서는 '4E1P'라는 용어를 만들고 그것을 단순하게 풀어 설명하는 식이다. 잭 웰치가 주장한 1E은 에너지Energy, 일을 끌고 나가는 추진력을 가진 사람을 말한다. 2E는 에너자이즈Energize로 조직에 활기를 불어넣는 능력을 가진 사람을 말한다. 3E는 날카로움Edge, 즉 결단력 있는 인재를 말한다. 중요한 순간에 망설이지 않고 자기의견을 펼칠 수 있는 사람을 기르겠다는 것이다. 4E는 행동Execute, 실행력을 가진 사람이다. 어떤 어려움에도 굴하지 않고 한 번 마음먹은 일은 끝까지 해내는 능력을 가진 사람이다. 그리고 1P는 열정Passion, 일에 대한 열정을 가진 사람이다. 잭 웰치는 "GE는 4E1P를 가진 사람을 양성해야 경쟁력이 생긴다"고 간단하게 주장하고 인재 양성에 투자를 집중해 회사의 위상을 높였다.

이처럼 프레젠테이션에서 복잡한 내용을 알아듣기 쉽게 단순화하는 것은 매우 중요하다. 내용을 단순화하면 짧은 시간에 많은 것을 전달할 수 있다. 남의 말을 계속 듣고 있는 것은 생각보다 어려운 일이다. 그래서 모든 청중은 항상 주어진 시간보다 약간 일찍 끝나면 보너스를 받은 것 같은 기분을 느낀다. 중언부언하며 시간을 끌지 않고 내용을 주어진 시간 안에 간결해서 정리해서 끝내면 그만큼 자기주장이 받아들여질 확률이 높아진다.

멜 깁슨과 헬런 헌터가 주연을 맡은 영화 〈왓 위민 원트What Women Wants〉에서, 광고 회사 임원인 두 사람은 수주를 받기 위한 프레젠테이션을 준비한다. 이때 가장 단순한 표현 "나이키는 게임이 아닌 스포츠다"를 만들어 수주를 따낸다. 이처럼 내용을 단순화하려면 반드시 분명한 타이틀을 만들고, 그 타이틀을 설명할 만한 핵심 단어를 개발해야 한다. 단어는 세 개 이내가 좋다. 잭 웰치처럼 하나의 용어로 개발할 수 있다면 다섯 개까지 가능하다. 모든 설명은 하나의 주장과 연결시켜 주장을 강화해야 한다. 프레젠테이션 시간은 15분 이내로 하되 1-2분 정도 미리 끝내는 것이 좋다. 시각 자료는 주장을 보충하는 정도로만 준비하여 내용이 시각 자료에 묻히지 않도록 한다. 화면 구성도 글자가 너무 빽빽하게 들어차거나 복잡해 보이지 않도록 단순화한다. 웬만한 내용은 말로 설명하고 파워포인트에는 핵심 단어나 중요한 한 문장 정도만 적어 둔다.

시뮬레이션으로 전달력 기르는 법

수영 선수가 시합 전에 미리 물속에서 몸을 유연하게 풀어 두고 야구 선수가 시합 전에 스윙 연습을 하듯이, 프레젠테이션도 시작 전에 충분한 연습을 해두어야 한다. 분위기를 실제 상황처럼 조성하고 연습하는 것이 좋다. 처음에는 가족들 앞에서, 그 다음에는 동료 직원들 앞에서 하는 것도 방법이다. '남 앞에 서는 것에 자신 있다'고 생각하는 사람도 예기치 못한 상황이 닥치면 떨리거나 내용을 기억하지 못해 횡설수설할 수 있다.

이를 방지하려면 반드시 시뮬레이션을 해야 한다. 시뮬레이션을 하면 부자연스럽게 읽거나 외우는 등의 성의 없어 보이는 상황을 미연에 방지할 수 있다. 텔레마케터들이 아무 감정 없는 기계처럼 줄줄 말하는 것을 들으면 지겹고 짜증나듯이, 발표자가 내용을 앵무새처럼 외워서 전달하면 "차라리 기계음으로 편안하게 앉아서 듣는 게 낫지 이 자리까지 나와서 저런 걸 들어야 하나?"라는 짜증을 유발할 수 있다. 사전에 연습하여 자연스럽게 말하는 방법을 익혀야 한다.

자기주장 기술

또한 시뮬레이션을 하면 목소리의 톤, 억양, 속도, 제스처 등을 점검할 수 있어 청중들의 요구를 미리 수렴해 볼 수 있다. 자신뿐 아니라 다른 사람이 시뮬레이션에 참석해 모니터링을 해주면 피드백을 받아 수정하기가 더욱 용이하다. 시뮬레이션을 통해 내용이 부실한지, 복잡한지도 살펴보고 고칠 수 있다. 위의 세 가지만 실천에 옮겨도 지금보다 훨씬 좋아진 프레젠테이션 실력을 보여 줄 수 있을 것이다.

보고로 자기주장 관철하는 법

보고서는 직장인의 얼굴이다. 직장인은 하루 종일 크고 작은 회의록, 미팅 보고서, 출장 보고서, 자료 조사 보고서, 업무 보고서, 현황 보고서, 신사업 기획서, 사업 계획서 등을 작성해야 한다. 심지어 고객 프레젠테이션을 위한 보고서도 작성해야 한다. 그러니 직장인의 업무 능력이 보고서에 그대로 반영되는 것은 당연하다. 일반적으로 하위 직급일 때는 정형화된 보고서인 일보 작성, 업무 보고서 등이 많지만 30대가 넘고 중간 관리자급이 되면 기획서나 제안서처럼 자기주장을 담은 보고서를 작성할 일이 많아진다. 이런 보고서는 최상급자들이 검토할 확률이 높다.

따라서 30대가 가독성이 떨어지는 장황한 보고서, 핵심이 불분명하고 횡설수설하는 보고서를 쓰면 상사에게 인정받기 어렵다. 직위가 높을수록 처리해야 할 보고서가 많기 때문에 아무리 주장하는 내용이 좋아도 가독성이 떨어지는 보고서는 검토 대상에서 제외되고 무시되기 때문이다. 직장에서 승부를 걸고자 하는 30대라면 직장에서 가급적 간단하면서도 핵심이 드러나는 보고서, 가독성이 높고 눈에 잘 띄며 편하게 볼 수 있는 보고서를 작성해야 한다. 30대가 보고서로 조직에서 인정받는 방법들을 알아보자.

보고서의 길이

보고서의 길이는 당연히 짧을수록 좋다. 서론이 늘어져 결론을 파악하기 힘들거나 주변 설명이 장황하면 읽는 사람이 집중하기 어렵다. 한 마디로 말하자면 잘 쓴 보고서는 본론이 잘 드러나는 간결한 보고서다.

내가 아는 한 외국계 기업의 한국인 상무는, 미국 본사에 제출하는 보고서가 거의 책 한 권 분량이었다고 털어놓았다. 한국에 와 본 적 없는 미국 본사 임원들에게 자신의 보고서 내용을 이해시키려면, 적어도 한국의 문화 배경을 알아야 한다고 판단했기에 보고서에 친절하고 상세한 설명을 곁들였다고 말했다. 그러나 그의 친절은 미국 본사에서 외면받고 말았다. 최근 그는 자신보다 연차도, 실적도 한참 못 미치는 사람에게 한국 지사의 CEO 자리를 빼앗기는 불운을 겪었다. 그는 나와 만나기 전까지도 자신이 그 자리에 오르지 못한 원인을 파악하지 못했다. 우리의 대화 끝에서야 그는 미국 비즈니스 세계에서 용납되지 않는, 너무 장황한 보고서가 패인이었다는 사실을 깨달았다고 고백했다. 그의 영어 실력이 출중하다 해도 대학까지 한국에서 공부한 사람으로서는 분명 한계가 있었을 것이다. 그런 영어로 책 한 권 분량의 긴 보고서에 작성한 내용을 미국인 임원들은 제대로 이해할 수 없었고, 안타깝게도 정성껏 작성한 그의 보고서는 제대로 내용도 전달되지 못한 채 폐기 처분되었을 것이다.

30대라면 자신의 보고서가 임원, CEO에게까지 올라갈 수 있다는 사실을 염두에 두고 그들이 일별하는 것만으로도 내용이 파악될 수 있는 간결한 보고서를 작성해야 한다. 핵심만 간결하게 작성된 보고서는 간단하게 검토하고도 의사 결정을 할 수 있기 때문이다. 또한 보고서의 내용이 형식에 잘 맞게 작성되어 있어야 검토자가 목적이나 이유를 의아해하지 않고 한 번에 정황을 판단할 수 있다. 그렇기 때문에 육하원칙(누가, 언제, 어디서, 무엇을, 어떻게, 왜)을 빠뜨리지 않고 이에 맞춰 작성하는 것이 좋다. 부서에서 실행할 신규 사업의 승인을 요구하는 제안서를 작성한다면, 누가 언제 왜 어떻게 이 사업을 할 것인지, 신규 사업에 소요되는 자금은 얼마나 되고, 그 자금은 어떻게 만들 것인지 등을 한눈에 알아볼 수 있도록 쓰라는 것이다. 또한 시장 조사 등의 데이터는 일일이 글로 풀어서 설명하지 말고 도표로 첨부해 쉽게 파악할 수 있도록 해야 한다.

　사내 조직 혁신 전략 관련 아이디어 제안서를 작성한다면, 현재의 문제점만 지적하지 말고 문제 해결책을 부각시켜야 효과적이다. 보고서는 가급적 한 장으로 작성하는 것이 좋지만 분량이 초과될 경우, 포스트잇으로 전체 요약 내용을 덧붙여 바쁜 사람은 그것만 보고도 전체 내용을 파악할 수 있도록 장치를 만들어 두는 것이 좋다. 상사가 보고 "오! 이 아이디어를 채택해야겠군"이라는 생각이 들게 하려면 문제점이 아닌 해결책 위주로 보고서를 작성해야 한다. 그러기 위해서는 해결책을 먼저 쓰고 문제점은 부언 설명에 사용하는 것이 좋다. 첫 페이지에서 해결책 없이 문제점만 지적하면 끝까지 읽을 인내심이 없는 상사는 "그래서 어쩌라는 거야?" 하며 보고서를 쓰레기통에 쳐넣을 수도 있음을 기억하라.

보고서의 조건

보고서가 갖춰야 할 첫째 조건은 논리다. 논리는 말의 수학 공식과 같다. 수학 공식이 수학적인 여러 정황을 가장 간단한 단어로 설명한 것처럼, 논리도 가장 간단한 말로 말의 뼈대를 만들어 주기 때문에 간략한 보고서라도 반드시 논리를 갖추어야 한다. 일례로 신규 사업 승인 제안서에는 그 사업을 해야 할 분명한 논리를 제시해야 의사 결정권자가 보고서 전체 내용의 가닥을 알 수 있다.

논리는 시장 조사와 경쟁사의 동향 등을 조사해 신규 사업의 타당성을 주장하는 바탕으로 사용되도록 세워야 한다. 따라서 논리의 원천은 자료 조사에 있다. 의사 결정권자는 타당한 자료를 바탕으로 한 주장의 정당성을 받아들일 것이다. 논리의 근거가 되는 자료를 취합하는 데는 신중해야 한다. 정통 기관의 데이터라도 무조건 신뢰하지 말고 반드시 유사한 다른 기관의 자료와 다각적으로 비교·검토해서 입체적으로 점검한 후 논리에 적용해야 한다. 만약 30대인 당신이 신규 사업 승인을 위해 단순히 업적을 높이려고 막연히 추측하여 제안서를 작성, 제출해 승인을 받았지만 결국 그 사업이 실패로 끝났다면? 결국 보고서 작성자인 당신이 그 책임을 져야 한다.

보고서가 갖춰야 할 둘째 조건은 확실한 자기주장이다. 상사들은 이미 자신이 결정해 둔 문제를 조사하라거나 기획하라고 지시하기도 한다. 그래서 힘들게 작성한 보고서를 무용지물로 만들기도 한다. 몇 번 이런 상황을 경험하고 나면 그저 상사의 비위에 맞는 보고서로 적당히 넘어가려는 타성이 생기기 쉽다. 그러나 보고 받는 사람은 바보가 아니다. 보고서 내용을 받아들이지는 않더라도, 보고서 작성자의 아이디어와 주장은 반드시 눈여겨보았다가 다음 프로젝트의 적임자가 필요할 때 활용한다.

따라서 '자기가 이미 다 정해 놓고서는 왜 작성하라는 거야?' 생각되는 보고서라도 상사 눈치 보기에 급급해 미사여구만 늘어놓는 것은 위험하다. 그 보고서는 상사에게 당신을 '실력 없는 사람', '만만한 사람'이라는 부정적인 이미지만 제공하는 무용지물일 뿐이다. 조직의 의사 결정권자는 하부 의견을 수용하기 위해 자기 의견을 바꾸지 않더라도, 보고서의 주장을 보고 보고자의 능력을 평가한다. 그러므로 보고서 안에 반드시 자기주장이 들어가도록 작성해야 한다.

보고서가 갖춰야 할 셋째 조건은 백 데이터이다. 보고서에 데이터를 다 제시해 일 많이 한 티를 내는 것보다, 본문에는 핵심만 추려 논리의 뼈대로 사용하고 세세한 데이터는 그래프 등으로 처리해 별첨하는 것이 좋다. 본문 중간에 데이터가 너무 많이 들어가면 눈을 어지럽게 하고 가독성도 떨어뜨리기 때문에 오히려 주장을 약화시킬 수 있다.

보고서가 갖춰야 할 넷째 조건은 시각적 효과다. 보고서의 글자 크기, 서체, 장평, 줄 간격, 문단 등도 내용 못지않게 중요하다. 보고서가 한눈에 들어오고 편집이 시원하면 내용이 약간 불충분해도 끝까지 읽기 쉽지만, 자간이 너무 촘촘하다거나 서체가 복잡해 눈에 잘 들어오지 않으면 보고서 전체의 질이 낮아 보여 성의껏 읽을 마음이 사라진다. 따라서 보고서에 신경을 너무 쓴 나머지 지나친 표현을 하거나 복잡한 서체를 사용하면 상대방의 취향에 따라 잘 읽히지 않을 수 있으니 조심해야 한다. 가능하면 회사에서 일반적으로 사용하는 서체와 서식을 깔끔하게 사용하되, 약간 특징을 주고 싶다면 서체나 자간 폭을 보기 좋게 조정하는 것이 좋다. 또한 보고서를 검토할 대상은 적어도 작성자보다 나이가 많은 40-50대가 많다는 사실을 감안해 글자 크기를 조금 키우고 자간도 넓히는 것이 좋다.

보고서가 갖춰야 할 마지막 조건은 제목과 내용의 부합이다. "설마 보고서를 제목과 내용이 다르게 작성할까?" 싶지만 의외로 그런 보고서를 쓰는 직장인이 많다. 반드시 내용과 제목이 잘 맞는 보고서를 작성해야 한다.

앞에서도 언급했듯이 보고서는 가급적 한 장으로 작성하고 첨부 자료를 사용하는 것이 좋지만, 부득이 여러 장으로 작성해야 한다면 앞뒤 연결이 어색하지 않도록 주의해야 한다. 또한 몇십 억짜리 프로젝트가 걸린 중대한 보고서를 하급자에게 미루거나, 회계 등 전문성이 필요한 연말 보고서를 아랫사람에게 시키고 다른 일에 정신을 파는 중간 관리자가 많다. 이럴 경우 하급자는 보고서 내용을 모두 책임질 수 없기 때문에 중간 관리자는 아래 직원에게 보고서 작성을 지시하더라도 반드시 엄격하게 검증해야만 만일의 사태를 예방할 수 있다.

구두 보고 요령

2006년, LG전자는 부서장 60여명을 대상으로 〈능력을 2배로 인정받는 보고의 기술〉이라는 설문 조사를 실시한 후 그 결과를 사보에 실었다. 조사 결과 부서장들은 1)결론부터 간단명료하게, 2)자신감 있고 정직하게, 3)상사의 입장에 맞춰 적절한 시점에 하는 보고를 선호하는 것으로 나타났다.

대체로 구두口頭 보고는 긴급을 요하는 일, 일의 진행 사항이 오래 걸려 상사가 중간 과정을 궁금해할 때 돌발적으로 발생하는 업무 처리 상황에 필요하다. 따라서 구두로 보고할 때는 상사가 듣고 싶어 하는 결론부터 말해야 한다. "이번 상품 광고 진행 사항 체크해 봐"라는 지시를 받고 진행 사항을 파악한 후 "김대리는 이 일을 하고 이대리는 저 일을 하고…" 등 주변적인 이야기부터 꺼낸다면 상사는 초조하고 짜증이 날 것이다. 상사가 알고 싶은 것은 기간 내 업무 처리가 가능한지, 혹은 지금이라도 업무 진행을 바꿀 수 있는지와 같은 내용이다. 또한 보고자도 충분히 상사가 무엇을 원하는지 파악할 수 있는 상황이 대부분일 것이다. 따라서 상사가 원하는 결론, 즉 "이제 막바지 작업만 남아서 기간 안에 충분히 끝낼 수 있습니다"라거나 "이미 작업이 거의 완료되는 단계입니다"라고 정확히 말해 상사의 궁금증을 해소시켜야 한다. 상사가 진행 사항을 자세히 알고 싶어한다면 "지난 회의에서 통과된 순서대로 진행하고 있습니다. 자세한 일정은 메일로 보내 드리겠습니다"라고 말하는 것이 좋다. 상황을 제대로 파악하지 못하고 "그때 회의만 했지 언제부터 하라는 말씀은 안하셔서…"라고 얼버무리면 "자네 지금 제 정신인가!" 하는 핀잔만 되돌아올 것이다.

이처럼 구두 보고는 대체로 상사가 이미 지시한 일을 점검하는 경우가 많다. 따라서 진행 상황을 장황하게 늘어놓을 것이 아니라 '내가 상사라면 무엇이 가장 궁금할까?' 자문해 보고 그 부분부터 "이렇게 추진하는 계획을 세웠습니다"라고 결론부터 말한 다음 "그 이유는 두 가지입니다. 첫째…, 둘째…" 순으로 보고서를 작성하듯 명료하게 부언 설명을 붙이는 것이 좋다.

진행이 오래 걸리는 사안인 경우에는 상사가 채근하기 전에 먼저 중간보고를 해서 상사의 궁금증을 해소시켜 주는 것이 좋다. 진행 상황과 완료 예정 날짜와 같은 공정을 알려주면 상사는 보고자의 동향을 쉽게 파악할 수 있고, 윗선의 급작스러운 질문에도 대비할 수 있는 여유를 갖게 된다. 그래서 30대인 당신이 부하 직원들의 프로젝트 진행 상황을 취합해 상부에 보고할 때도 적절한 타이밍에 맞추어 중간 보고를 해 두면 상사에게 점수를 딸 수 있다. 특히 진행 기간이 긴 업무는 반드시 중간 중간에 보고를 하고, 긴급 상황이 발생했지만 구두 보고가 어려운 상황이라면 휴대전화 문자 메시지나 이메일을 이용하라.

단 한 번에 모든 것을 완벽하게 보고하려고 애쓰지 말고 사안별로 나누어 여러 번 해야 듣는 사람이 더 이해를 잘할 수 있다. 또한 자주 얼굴을 마주하면서 친밀감이 커져 상사와의 관계도 좋아진다. 구두 보고에서 가장 주의할 점은 하기 껄끄러운 보고일수록 시간을 끌지 말고 빨리 하라는 것이다. 보고가 늦어져 조치가 늦어지면 호미로 막을 걸 가래로 막아야 하고 그 책임을 면할 수 없게 된다. "매도 미리 맞는 것이 낫다"는 속담이 여기에도 적용되는 것이다.

마지막으로 구두 보고 시, 상사가 바빠서 제대로 보고 받을 수 없는 경우라면 포스트잇에 간단하게 보고 내용을 적어서 상사의 컴퓨터 등에 붙여 두어 상사가 틈나는 대로 확인할 수 있도록 하라. 그런 후에 휴대전화 문자로 다시 보내 상사가 그것을 놓치지 않도록 배려하면 더 큰 신임을 얻을 수 있다. 40대로 접어들면 긴장이 풀리고 느슨해져서 모든 중요 업무를 30대인 직속 하급자에게 미루는 경우가 많다. 따라서 30대인 당신은 그런 상사가 맡은 일을 대행하는 경우도 많을 것이다. 그 경우에도 상급자가 채근할 때까지 기다리지 않고 중간 중간 일의 상황을 보고해 주면 상사에게 인정 받을 수 있다.

 직장인의 가장 큰 꿈은 조직에게서 제대로 인정 받는 것이다. 특히 30대는 성공과 실패가 갈리는 시점에 놓여 있기에 똑같은 일을 하고도 남보다 덜 인정 받으면 치명적인 상처를 받을 수 있다. 그러나 자기주장이 분명하면서도 상사가 원하는 형식의 보고를 할 수 있다면 그런 고민을 크게 완화시킬 수 있다. 최근 상사가 당신이 제출한 보고서를 들고 "그러니까 뭘 말하고 싶은 거야?"라거나 "정확한 내용이 뭐야? 괜찮다는 거야, 별로라는 거야?" 같은 야단을 자주 했다면 그것은 당신의 보고를 제대로 이해할 수 없다는 또 다른 표현임을 눈치채야 한다. 그리고 즉시 보고서 작성법과 구두 보고 방법을 바꾸어야 한다. 상사가 당신의 보고를 받으며 야단을 치거나 비아냥거리더라도 즉각 분노하기 전에 '내 보고 방법에 문제가 있나보군' 이라는 판단을 할 수 있는 사람만이 나머지 인생을 조직에 걸 수 있다.

지시로 자기주장 관철하는 법

　　　　　　　　　　30대 중간 관리자는 조직의 십자로에 서 있는 심장과도 같은 역할을 한다. 피를 내보내기도 하지만 받아들이기도 하는 심장처럼, 보고하는 입장에 서기도 하지만 지시하는 입장에 서기도 한다. 말단 시절에는 지시만 내리는 선배나 상사가 부러웠지만 정작 중간 관리자의 입장이 되면 보고보다 지시가 더 어렵다는 것을 알 수 있다. 아랫사람이라고 해서 무조건 지시를 받아들이지도 않으며 30대는 명시된 직급이 아닌 외부 명명용의 직급만 부여 받는 경우가 많아 지시의 힘이 약하기 때문이다.

　다행히 직원이 지시를 잘 이해하면 좋지만 그렇지 않으면 오히려 후배에게 상처를 받을 수 있다. 그 상처는 상처로만 끝나지 않고 위상에 손상을 입어 조직 내 입지가 좁아지기도 한다. 따라서 30대는 부하 혹은 후배가 순응할 수 있도록 지시하는 기술을 익혀야 한다.

지도문으로 지시하는 법

"오늘 중으로 보고서 제출하세요." 이 말은 지시문이다. "오늘 보고서 마감인데 다 됐겠지?"는 지시이긴 하지만 상대편에게 생각할 여지를 주는 지도문이다. 직장에서는 사안에 따라 분명한 지시문을 사용해야 할 때가 있고, 저항을 차단하기 위해 지도문을 사용해야 할 때가 있다. 긴급 사항, 실패가 허용되지 않는 일, 상부의 지시가 변형되면 안 되는 중요한 일은 지시문을 사용하는 것이 좋다.

그러나 직급과 직위가 애매한 30대는 웬만한 지시는 지도문으로 하는 것이 좋다. 싫든 좋든 간에 30대는 상사가 직접 말하기 곤란한 지시를 대신 내려야 하는 경우가 많다. 그런 지시는 아랫사람에게 '자기가 뭔데 이래라 저래라 해?' 같은 불만을 사기 쉽다. 따라서 그런 불평을 잠재우면서 상사의 의도를 정확하게 전달하는 기술을 익혀야 한다.

이럴 경우 너무 유순한 지도문으로 지시하면 우유부단해 보여 거부당할 가능성이 커진다. 지도문으로 지시하되 거부할 여지를 주지 말아야 한다. 상사가 여러 번 바꾼 프로젝트 기한이 너무 촉박하여 무리라는 것을 알지만 그래도 기간을 지켜야 한다고 지시해야 할 경우, "위에서 계속 독촉하고 있어. 그런데 아직 그 정도밖에 못하면 어떻게 해?"라고 상대방 기분을 고려해 우회적으로 지시하면 "그러게 누가 그렇게 촉박하게 하래요?"라는 반발의 여지가 생길 수 있다. 그러나 "마감이 일주일 남았는데 그 안에 못 끝내면 안 되는 거 알지?"라고 좀 더 강화된 지도문으로 지시하면 반발이 받아들여지지 않을 거라는 느낌을 줄 수 있다.

배려가 강조되는 지도문은 상대방에게 지시한 사람이 자신의 처분만 바라는 것 같은 느낌을 주어 거부 가능성이 높지만, 배려하되 지시 내용을 강조하는 지도문은 직설적 지시가 주는 불쾌감을 완화하면서도 지시의 무게는 그대로 느끼게 할 수 있다. 대개 직장 내 갈등은 지시하는 사람의 기대치와 지시 받는 사람의 기대치가 어긋날 때 발생한다. 지시하는 사람은 '내가 이렇게 당신 입장까지 충분히 배려하면서 지시를 내렸는데 알아서 잘해야지'라고 기대하고 지시 받는 사람은 '그 정도로 느긋하다면 내가 급하게 하지 않아도 되잖아?'라고 해석하기 쉽다.

그러나 강압적이지는 않지만 지시 내용이 강화된 지도문을 사용하면 지시하는 사람과 지시 받는 사람의 기대치를 어느 정도 일치시켜 갈등을 크게 줄일 수 있다. 지시 받는 사람이 회피할 수 없도록 지시 내용이 강화된 지도문은, 며칠 전 출장을 다녀온 팀원이 여독을 채 풀기도 전에 재출장을 가도록 지시해야 할 때 "엊그제 출장도 힘들었지? 출장이 너무 잦으면 가족들 보기도 미안하고"라고 오랫동안 주변적인 말로 바람을 잡는 것이 아니라 "엊그제 출장 다녀와서 고생한 거 알지만 다시 다녀올 수밖에 없는 상황이야"라고 간단하게 말하는 것이다. 이런 지도문은 "재출장 명령이 내려왔으니 다녀오시오" 같은 직설적인 지시문이 주는 불쾌감을 덜면서도 지시 사항을 거절하지 않고 받아들이게 하는 힘이 있다.

질문으로 지시하는 법

미국 심리학자 레어드Laird는 "명령은 곧 질문"이라고 주장한다. 지시할 때 가급적 질문으로 던지고 상대방이 스스로 내가 내리고 싶은 지시문을 말하게 유도함으로써 갈등 없이 지시하라는 것이다.

직장에서의 지시는 대체로 문제 해결 방식을 일러주는 것들이다. 그러나 사람마다 개성이 다르고 자기에게 익숙한 방법이 따로 있기 때문에 강압적으로 "이렇게 해"라고 지시하면 자발성이 감소되어 생산성이 낮아진다. 그러나 지시하는 사람이 "이럴 때 어떻게 하는 것이 좋지?"라고 질문해 상대방이 "이렇게 해야겠군요"라고 대답하게 한 다음 "그럼 그렇게 해 봐"라고 지시하면 지시받는 사람은 마치 자신이 내놓은 방법으로 느껴 자발성이 강화되고 생산성이 높아진다는 것이다.

만약 첫 질문에 상대방이 지시하는 사람이 원하는 대답을 하지 않으면 두세 번 질문하여 상대방이 지시내린 사람의 대답에 근접해 가도록 한 다음 1장에서 설명한 'YB화법'으로 지시하라. "자네 생각도 기발하군(Yes). 그런데(But) 나는 이런 식이 좋을 것 같다"고 지시함으로써 상대방이 거부감 없이 당신의 지시를 따르게 하는 것이다.

사람의 생각은 서로 매우 다른 것 같지만 일반 상식 수준에서 보면 기본 생각은 거의 비슷하다. 일처리 방식도 대개 거기서 거기다. 따라서 직설적인 지시로 괜히 기분만 상하게 해 억지로 일하게 하는 것보다, 질문으로 답을 유도하면 반발 없이 지시를 이행하게 할 수 있다.

톤을 낮추고 냉정하게 지시하는 법

입사 7년에서 10년차 정도의 30대 초·중반 직장인은 어린 부하 직원보다는 연차 서열이 아래인 동료와 팀을 이루어 업무를 수행하는 경우가 많다. 이런 경우 상급자인 30대는 비록 나이는 비슷해도 경력과 경험으로 일의 중심을 잡고 지도해야 할 의무가 있다. 그런데 잘못된 일을 바로잡아 주려 해도 거부하거나 회피하는 후배나 부하를 만나면 여간 난감하지 않다. 당신의 지도 하에 움직여야 하는 팀원이지만 동등한 권한 하에 공동 프로젝트를 진행한다는 이유로 당신의 사소한 지시조차 거부한다면 어떻게 되겠는가? 짜증이 나서 싸움꾼이 되거나 혼자 속을 끓이면서 일의 효율성을 높일 수 없을 것이다.

그러나 평소보다 목소리 톤을 낮추고 냉정하게 지시하면 의외의 효과를 거둘 수 있다. 일례로 당신이 팀원에게 늘 잔소리를 하는 타입이었고 팀원은 그것 때문에 기분 나빠했다면, 비슷한 상황에 처했을 때 반사적으로 당신의 잔소리를 기대할 것이다. 그때 당신이 그 기대대로 잔소리를 늘어놓으면 팀원은 '지금 저래도 시간이 지나면 이전처럼 잊어버리겠지' 생각하며 쉽사리 자기 행동을 개선하려 하지 않을 것이다.

이럴 때 당신이 상대방의 기대를 뒤엎고 평소보다 훨씬 침착하고 차가운 태도로 엄중히 지시하면 철면피가 아닌 한 거부하기 힘들다. 그러나 이 방법을 너무 자주 사용하면 상대방도 예측이 가능하기 때문에 효과가 반감된다. 이 방법은 최악의 순간에 극약 처방으로 사용하는 것이 좋다.

부하 직원의 유형에 맞추어 지시하는 법

1. 지시를 이행하지 않고 아첨으로 얼버무리는 사람

상사나 선배의 지시를 무시한 채 "전혀 들은 바 없다"고 주장하는 사람에게 "어 그래? 난 다 한 줄 알았는데." "좀 늦는 것 같네" 등의 점잖은 지도문은 통하지 않는다. 그렇다고 직설적인 지시문으로 지시하고 야단을 치면 아첨하며 얼렁뚱땅 넘어가려고 한다.

이런 유형에게는 한 번에 하나만 지시하고 반드시 점검해야 한다.

이 사람들은 지시 내용을 정확하게 이해하지 못하면서도 잘해 낼 것처럼 굴다가 막판에 지시를 어겨 당신을 골탕 먹인다. 아첨으로 위기를 모면하는 데 능숙하며, 시간이 지나 퇴근하고 오늘 하루가 끝나면 그 일은 상사의 머릿속에서 사라질 거라 믿는다. 따라서 이런 유형에게 지시한 후 시간대별로 "그 일이 어떻게 되어 가느냐? 가져와 보라"며 점검해야 한다.

2. 성격은 좋지만 무능한 사람

무슨 일을 시켜도 생글거리지만 정작 업무는 잘 처리하지 못하는 사람. 이런 유형과 일하다 보면 "성질 나빠도 일 잘하는 사람이 낫지"라는 말이 저절로 튀어나올 것이다. 이런 사람에게 적합한 지시를 내려 업무 손실을 최소화하는 것이 30대 관리자가 해야 할 일이다.

만약 이런 유형의 직원에게 "이 문서를 똑같은 서체로 크기와 색깔을 다르게 해서 작성해 오시오"라고 지시했는데, 서체만 바꾸고 크기와 색깔은 똑같이 작성해 온다면 "이게 뭡니까? 내가 뭐라고 했어요?" 하고 소리쳐도 별 효과가 없다. 대신 지시할 때마다 반드시 "메모지 가지고 오세요"라고 말한 후 지시 사항을 일일이 적게 하고, 자신도 그 직원이 보는 앞에서 지시 사항을 메모한 후 시행 중간에 "지금까지 한 것을 내게 메일로 보내시오" 등으로 중간 점검을 해야 한다. 귀찮더라도 이런 단계를 거쳐야 불필요한 시비도 줄이고 업무 시간도 단축할 수 있다.

3. 자기 자리를 잘 지키지 않는 사람

아침부터 뭐가 바쁜지 여기저기를 돌아다니며 자기 자리를 지키지 않는 사람, 야근이나 조근 지시마저 불가능한 사람에게는 어떻게 지시해야 할까? '얼굴 보고 지시해야지' 생각했다가 자신도 여러 일에 쫓겨 잊어버리는 경우도 많다.

이런 유형에게는 생각날 때마다 바로바로 휴대전화 문자로 지시하고, 지시를 받으면 응답 문자를 보내도록 사전에 미리 지시해야 한다. 피드백을 하라고 하지 않으면 "문자 못 받았다"는 거짓말도 불사할 것이다. 이런 식으로까지 지시했는데도 이런 저런 핑계를 대며 "문자를 못 받았다"고 발뺌하면 퇴근 시간 후 그의 집으로 전화해 배우자나 부모에게 지시 내용을 설명하고 전달한 다음, 이행 여부도 가족에게 알려주는 것이 좋다. 상사에게 사생활을 침해당하기 싫어서라도 휴대전화 문자 지시를 무시하지 못할 것이다.

4. 팀워크를 무시하는 이기주의자

사무실에서 이어폰을 꽂고 방송이나 음악을 듣는 사람, 동료들과 어울리는 것을 거부하며 맡은 일 외에는 전혀 협조하지 않는 이기주의자에게 그가 맡지 않은 일을 하도록 지시하기는 어렵다. 상사나 선배가 팀 플레이를 요구해도 "내 체질에 맞지 않는다"고 얄밉게 말하는 사람들도 많다. 상사는 이런 이기주의자를 지탄하는 팀원들의 원성을 잠재워야 한다. 이들에게 지시를 무시당하면 체면이 크게 손상되는 것은 당연하다.

그러나 이런 유형은 상사가 속을 태워도 "내 할 일은 다 하지 않았느냐?" 식의 태도를 보이기 때문에 강압적인 지시는 통하지 않는다. 이런 사람에게는 팀의 총무나 다른 팀원들을 챙기는 업무를 배정하고 "이것이 네 일"이라고 말해 두어야 한다. 이런 사람은 자기가 맡은 일과 맡지 않은 일을 철저히 구분하기 때문에 "그건 당신이 맡은 일이다"라는 명분을 만들어 지시해야 통한다.

5. 게으름뱅이

팩스 사용법, 새로 나온 컴퓨터 소프트웨어 이용법을 모른 척하며 자기 업무만 간신히 처리하는 게으른 부하 역시, 지시를 제대로 이행하지 못해 상사의 속을 태울 때가 많다. 이들은 '나는 기계치'라는 핑계로 관련 지시를 당당하게 "나는 못한다"고 거부한다. 상사로서 일일이 가르칠 수도 없고 무지한 직원을 채용한 회사를 원망한다고 해서 문제가 해결되는 것도 아니어서, 잘 다루는 사람에게 계속 그런 일을 맡기게 된다. 그러다 보면 그 사람의 게으름은 더욱 심화되고 매번 대신 그 일을 수행해야 하는 사람은 피해를 보게 된다. 결국 그 게으른 사람은 조직의 흐름을 방해하는 장애물이 된다. 너무 큰 장애물이 되어 조직이 걸러내기 전까지는 누구도 걸러내기 힘들다.

이런 경우 직속 상사가 그를 곁에 두고 일일이 가르치며 지시해야 한다. 시간이 걸리더라도 팩스 보내기, 컴퓨터 소프트웨어 사용하는 업무를 맡겨 놓고 기다리며 서서히 일의 속도를 높이도록 해야 한다. "나는 못하겠다"고 항변하면 "그것을 잘하는 수많은 사람들이 당신 자리를 노리고 있다"고 협박해 긴장감을 조성해야 한다.

6. 근무 시간에 딴짓거리하는 사람

인터넷의 발달로 근무 시간에 인터넷 쇼핑을 하거나 메신저 채팅 등으로 시간을 보내는 직원들 때문에 골머리를 앓는 중간 관리자들이 많다. 업무를 방치하고 사적인 일로 시간을 사용하는 것도 괘씸한데, 하라는 지시까지 무시하면 당장 내쫓아버리고 싶을 것이다. 그러나 당신 마음에 들지 않는 사람이라고 무조건 쫓아낼 수는 없다. 따라서 이런 사람을 다룰 수 있어야 성공할 수 있다.

회사 업무보다 사적 용무에 바쁜 사람들은 마음이 콩밭에 있기 때문에 상사의 지시도 건성으로 흘려 듣기 쉽다. 그러고서는 나중에 "그런 말 들은 적 없는데요" 하고 오리발을 내밀어 상대편을 질리게 한다. 심한 경우에는 오히려 "상사가 나를 모함한다"고 떠들고 다닌다. 이런 직원에게는 구두로 지시하더라도 반드시 문자 메시지나 이메일로 다시 지시하는 것이 좋다. 지시 받은 적이 없다고 우길 때의 증거물이 될 수 있기 때문이다.

이런 사람에게 메신저를 사용해 지시하면 근무 중 채팅을 인정하는 꼴이 되므로 삼가야 한다. 지시는 반드시 얼굴을 보고 내리고 메일로 같은 내용을 발송하는 것이 좋다.

7. 사무실을 자기 집처럼 생각하는 무뢰한

늦게 출근하고 점심 시간도 오버하고는 퇴근도 일찍 하는 사람, 사무실에서 큰 목소리로 사적인 통화를 하는 사람, 시끄럽게 음악을 틀거나 사무실로 지인들을 불러들여 업무 시간에 공공연히 수다를 떠는 사람, 이처럼 직장 생활 매너를 무시하는 유형의 사람에게 지시할 때는 상벌을 분명히 제시해 반드시 지키도록 해야 한다.

상벌은 30대 중간 관리자 독단으로 처리할 수 있는 일이 아니다. 그렇기 때문에 상사에게 상벌의 필요 이유를 설명하고 승인을 요청한 뒤 지각, 조퇴, 휴식시간 오버 등이 잦은 사람에게 불이익을 주어야 한다.

8. 상사의 선심을 악용하는 얌체

상사의 선심을 악용해 습관적으로 지시를 무시하거나 제멋대로 행동하는 사람에게는 지도문이나 질문 형식의 지시보다 확고한 지시문을 사용하라. 이런 유형에게는 "지시를 이행하지 않으면 이러이러한 불이익이 주어진다"고 설명해야 한다. 이런 사람에게는 잘못 선심을 베풀면 오히려 악용당할 수 있으므로 조심하라.

협상에서 자기주장 관철하는 법

회의가 의견이 다른 개인 혹은 집단이 서로 의견을 조율해 하나로 통합하는 의사소통 방식이라면, 협상은 대립되는 이익을 가진 두 개인 또는 집단이 더 많은 이익을 취하기 위해 의사소통하는 과정이라고 할 수 있다. 국제적 협상으로는 자유무역 협정, 국경, 군사 평화 등 여러 협정 전 이익 조율의 협상이 있으며 직장에서의 집단 협상은 노사 간의 임금, 근로 조건 협상이 있다. 기업대 개인로는 연봉 협상이 있고, 기업 업무 관련 협상으로는 사업 파트너와의 납품 조건, 제품 가격 결정, 수주 일정, 서비스 품질 등에 관한 협상이 있다. 가정 내에서는 주택, 자동차 구입, 실내 장식, 투자, 자녀 교육, 심지어 이 영화를 본다 안 본다를 결정할 때도 협상이 필요하다

특히 30대는 직장 내 협상 능력에서 자신의 역량을 드러내는 것이 중요한 능력이다. 조직의 허리로 노사 협상에서 노측 대표가 되거나 사측 대리인 자격을 갖는 시기이기 때문이다. 개인적으로도 이직이나 현 직장에서의 연봉 협상이 가장 중요한 시기다. 대외적으로도 회사를 대표한 협상 리더가 직속 상급자 바로 아래 직위로 협상을 주도하는 입장이 된다. 이런 경우에는 대부분 직속 상급자인 협상 리더의 책사策士 임무를 맡게 된다. 따라서 30대가 사회적 성공을 거두려면 반드시 협상에서 자기주장을 관찰하는 기술을 익혀야 한다.

협상 시작 전 바람잡기

모든 협상은 협상 전에 "이러이러한 협상이 있을 것"이라고 고지되는 순간부터 시작한다. 그때부터 협상 게임이 전개되는 것이다. 단체 협상의 경우 대표자를 누구로 정할지, 장소는 어디가 좋을지, 탁자는 원탁이 좋은지 사각이 좋은지 등 소소한 것에 이르기까지 기선 잡기에 돌입한다.

제 5차 한미 FTA가 우리나라에서 수입이 금지되었다가 재개된 미국산 쇠고기 문제로 바람을 잡은 것이 그 좋은 예다. 우리는 수입 쇠고기에서 규정에 어긋나는 뼛조각이 발견되어 당연히 돌려보냈다. 그러나 미국 측은 협상 장소를 우리나라 대관령처럼 소를 방목하는 매우 추운 지역 몬테나 주 빅스카이로 정하고 미리부터 언론 등을 통해 비프 스테이크 시식회 등을 공개해 FTA와 관련없는 문제로 여론을 집중시켰다. 그리고 미국은 이전부터 수석 대표를 여자로 정해 두었다. 상대방의 반대가 분명한 한미 FTA 슈퍼 301조 협상 등에 여자를 리더로 내세운 것이다. 우리나라가 아직도 여자를 우습게 아는 문화를 가지고 있음을 알기 때문이다.

협상 시작 전의 바람잡기는 이러한 국제 협상뿐 아니라 조직 내의 연봉 협상이나 근로 조건 협상에서도 유효하다. 하버드 대학의 토머스 C. 쉘링턴 교수는 자신의 저서 《갈등 전략 Strategy of Conflict》에서 "각 선수의 최적 동선은 다른 선수들의 동선에 따라 달라진다"는 사실을 증명할 목적으로 게임 이론을 발견하고 '전략'이라는 개념을 처음으로 사용했다. 협상은 기량이나 기분에 의존해 운이 작용하는 게임이 아니라, 선수 한 사람 한 사람의 행동에 대한 기대치를 '전략적'으로 움직여서 결정되는 것임을 증명한 것이다. 따라서 협상 전 바람잡기는 협상의 승률을 결정하는 중요 요소다. 각종 협상의 핵심 인물이 될 가능성이 높은 30대는 협상 시작 전 바람 잡는 기술부터 배워야 한다.

협상 참가자간 역할 분담

모든 커뮤니케이션이 그렇지만 협상의 경우, 철저한 사전 준비가 성공에 직접적인 영향을 미친다. 바람잡기부터 역할 분담에 이르기까지 사전 전략에서부터 준비가 필요하다. 사내 단체 협상의 경우에도 미리 누가 무슨 역할을 맡을 것인지 정해야 한다.

가장 좋은 방법은 배역을 정해 두는 것이다. 적의 의견에 공감해 주는 좋은 경찰Good Cop 역할, 적의 의견을 사사건건 깎아내리는 나쁜 경찰Bad Cap 역할, 적당한 선에서 중재하는 중재자, 의견을 간결하게 정리해 전달하는 대변인 역할이 필요하다. 의사 결정권자와 대변인은 한 목소리를 내야 하므로 귓속말로 의논할 수 있게 자리를 옆으로 배치하는 것이 좋다. 중재자는 지략이 뛰어나고 예리하면서도 인내심이 강한 사람으로 선정하는 것이 좋다. 상대에게 허점을 보이지 않고 적재적소에서 나서야 하기 때문이다. 대변인은 말을 유창하게 잘하는 사람보다 명석하게 분석적으로 말하는 사람이 적임자다.

단체간의 협상에서 사전에 각각의 역할을 분담하지 않으면 대외비인 정보도 쉽게 누설되고 협상 방향이 중구난방으로 갈려 상대방에게 전략이 노출되기 쉽다. 연봉 협상 등 일대일의 협상에서는 거의 일대일 또는 일대다多의 협상이 벌어지기 때문에 역할 분담을 할 필요가 없다고 생각하기 쉽다. 그러나 이때도 자신이 일인이역 또는 삼역을 하도록 역할을 정하는 것이 좋다. 모든 역할 배분이 끝나면 사전 시뮬레이션을 해두어야 손발을 맞출 수 있다.

특히 연봉 협상처럼 혼자 일인다역을 맡아야 하는 경우, 여러 상황을 예상하면서 어떤 순간에 악역을 맡고 어떤 순간에 선한 역을 맡아야 하며 어떤 순간에 조정자 역을 맡아야 하는지 연습하는 것이 좋다. 특히 악역일 때는 어디까지 말할 것인지, 선한 역일 때는 어디까지 양보할 것인지, 조정은 어느 수준에서 시작할 것인지 복안을 미리 정해야 한다.

제안 시점 정하기

협상에서는 가격, 임금, 조건 등을 먼저 제안하는 사람이 대체로 불리하다. 제안이 거부당하면 심리적으로 위축되어 주도권이 상대편으로 넘어갈 가능성이 높기 때문이다. 사내단체 교섭에서 노측이 먼저 임금 ○○% 인상을 요구하면 사측이 그것을 수용하거나 거부할 수 있는 주도권을 쥐게 된다. 그러나 사측이 먼저 임금 삭감을 요구하면 노측은 거부나 불법 투쟁 등을 선택할 수 있다. 연봉 협상에서 개인이 임금 인상 ○○%를 요구하면 사측이 거부하거나 삭감을 요구할 수 있다. 그러나 사측의 복안인 ○○%와는 괴리가 크고 당사자가 타사로 가버릴 가능성이 크면, 사측은 상대편의 주장에 한참 못 미치는 주장을 하기가 곤란해 당신의 의견을 수용할 가능성이 높다.

이처럼 협상에서 누가 먼저 요구사항을 제안하는지는 매우 중요하다. 따라서 협상 전에 먼저 제안하는 것이 유리한지 상대방의 제안을 받아서 거절 또는 증액을 요구하는 것이 나은지 면밀히 검토한 후 정해야 한다.

북한은 먼저 제안하고 상대편이 들어주지 않으면 벼랑 끝으로 몰고 가 항복을 받아내는 전략으로 승부를 건다. 북핵 문제를 다루는 6자 회담 이전에 북미 회담을 하자고 제안한 다음, 미국이 이를 들어주지 않자 먼저 핵실험으로 주목을 끌어 미국의 반응을 살폈다. 그러자 미국은 북한이 핵만 폐기하면 이것도 해주고 저것도 해주겠다고 회유했다. 북한은 미국 측이 자신들의 요구 사항과 근접한 제안을 내놓을 때까지 기다린 것이다.

이처럼 협상에서 먼저 제안하는 측은 무서운 인내심을 가져야 한다. 상대방이 협박해도 굴하지 말고 그들이 스스로 자신의 욕구에 접근할 때까지 기다려야 하기 때문이다. 반면 먼저 제안하는 단체나 개인은 상대방이 실제로 그런 일을 저지를지도 모른다고 믿게 할 만한 배짱이 있어야 한다. 북한이 "핵을 터뜨릴 것"이라는 미국의 우려대로 핵을 터뜨리는 배짱을 가졌듯, 개인이나 단체도 "그 가격을 수락하지 않으면 계약하지 않을 것이다." "연봉을 이 수준 이하로 제시하면 다른 회사로 옮겨 우리 회사에 손실을 가져올 것이다"라고 믿게 하는 배짱과 실력이 필요하다. 따라서 협상 전에 자신의 팀, 또는 개인이 인내심과 배짱을 충분히 가졌다면 먼저 제안하고, 그렇지 못하다면 제안을 받아본 후 의견을 말하는 쪽을 선택하는 것이 좋다.

양보할 때와 우길 때

냉전 시대의 협상의 귀재였던 전미 국무장관 헨리 키신저는 중국의 주은래周恩來가 자기보다 뛰어난 협상가라고 평가했다. 주은래는 초반에 상대방이 기대한 것보다 약간 상회하는 양보를 하고 그 후로는 한치도 양보하지 않는 협상법으로 국제 협상을 항상 유리하게 이끌었기 때문이다. 헨리 키신저가 주은래 협상법에 끌린 이유는, 주은래 방식을 응용해 냉정 종식이라는 역사적인 업적을 세웠기 때문이다. 주은래 방식은 점진적으로 조금씩 감질나게 양보하는 서양 방식과는 달랐다.

협상은 항상 서로간의 이익이 대치되기 때문에 자신의 주장을 100% 관철시킬 수 없다. 서로의 이익을 조금씩 양보해서 최상의 접점을 찾아내는 것이 협상의 최종 목적이다. 그래서 어느 시점에 얼마나 양보하는지는 매우 중요한 사안이다. 서양 협상학자들은 "초반에 너무 많이 양보하면 진다"고 믿어 왔다. 초반에 양보하면 상대편은 양보 받을 것이 더 많다고 생각해 더 많이 요구하지만 우리 편에서는 더는 양보할 수 없어 결렬되기 쉽다는 것이다.

그런 상황에서 주은래는 어떻게 단 한 번의 양보만으로 협상에 성공했을까? 그는 협상 과정에서 항상 선택적으로 비장의 카드를 공표한다. 일례로 중국 정부의 내부회의 결정 사항과 최후의 양보선을 미국에게 알려 더 이상의 양보는 받아들일 수 없음을 못박고 여기까지만 양보할 수 있다고 알린다. 그런 다음 결렬이 되더라도 더는 양보하지 않았기 때문에 "주은래는 절대 한 번 이상 양보하지 않는 사람"이라는 이미지를 심는다. 그렇게 되면 상대방은 그가 한 발 양보했다고 해서 더 양보할 거라는 기대를 하지 않게 된다.

제품 수주, 가격 협상 등에서 이런 주은래 전략법을 활용할 수 있다. 물론 협상의 성격이나 상대방이 가진 문화에 따라 언제 양보하고 어디까지 양보하고 언제 우길 것인지도 사전에 정해 놓아야 한다.

연봉 협상의 실제

연봉제 확산으로 많은 직장인들이 협상 방법을 알고 싶어 한다. 회사가 일방적으로 정해 둔 임금대로 받던 시대와 달리 개개인이 회사와 협상을 하고 당당히 자신의 몸값을 요구할 수 있는 시대가 되었기 때문이다. 일 년 내내 협상 전략을 수립하고 자료를 챙겨 두면 협상력을 높여 당당하게 자신이 일한 이상의 몸값을 받아낼 수 있고 그렇게 하지 못하면 열심히 일하고도 몸값을 덜 받을 수 있다.

연봉 협상에서도 협상 전 바람잡기에서부터 게임이 시작되기 때문에 사전 준비가 대단히 중요하다. 연봉 협상의 사전 바람잡기는 평소 자신이 가치 있는 일을 할 때마다 자신의 연봉과 직급 조정에 영향력을 행사하는 사람들에게 알리는 것부터 시작된다. 그들이 눈살을 찌푸릴 만큼 노골적으로 자랑하지 말고 '그 사람? 일 열심히 하지. 실적도 좋고'라고 생각할 만큼 은근히 알리라는 뜻이다.

가장 좋은 방법은 숨어서 일하지 말고 그들 눈에 띄는 곳에서 일하면서, 실적을 올리면 은근히 "이번 프로젝트는 힘들었지만 실적을 높여서 기쁘다" 같은 언급을 잊지 않는 것이다. 그보다 더 프로다운 방법은 자신의 성공 스토리를 만들어 의도적으로 유포하는 것이다. 몇 년 전부터 개그맨 박명수씨가 느닷없이 자신이 출연하는 TV 프로그램마다 "나는 지금 제8의 전성기를 맞고 있다"고 말해 출연자는 물론 시청자까지 그가 정말 다시 전성기를 누리는 것처럼 느끼게 되어 출연 빈도수를 높인 것도 그런 전략이다.

사전 바람잡기의 두 번째 요소는 자기 아니면 누구도 할 수 없는 한 분야를 개척하는 것이다. 사내에서 컴퓨터 오작동을 귀신같이 감별해 '컴퓨터 도사'로 불리거나 거래처 설득에 탁월한 능력을 보여 '해결사'로 불린다면 오케이다.

협상 전 바람잡기와 함께 병행해야 할 일은 자료 정리다. 자신의 업적으로 회사에 이익을 가져온 부분은 반드시 객관적인 수치를 그래프 등으로 정리해 한눈으로 파악할 수 있는 자료로 만들어 두는 것이 좋다. 개인의 업무 실적으로 벌어들인 돈의 액수 등은 연봉 협상에서 대단히 큰 역할을 한다. 물론 비용 절감이나 간접적인 매출 신장에 기여한 공로도 같은 가치를 지닌다. 자료 정리를 하면서 연봉 협상을 앞둔 시점이 오면 협상 내 역할을 몇 개로 나눌지 미리 정해 두어야 한다. 이 협상에서 악역은 필요한지, 선한 역만으로도 자기주장을 관철할 수 있는지, 혼자서 선한 역과 악역을 동시에 수행해야 하는지 등을 협상 대상자의 성격, 직급, 회사 내 입지 등을 고려해 결정해 놓는 것이 좋다.

상황 파악이 되면 혼자서 여러 배역을 적절하게 맡을 수 있도록 연습해야 한다. 실적을 수치화하기 어려운 인사 및 일반 사무직, 고객관리 관련자들은 실망하지 말고 돈이나 실적이 아닌 문제 해결, 고객의 칭찬 등을 데이터화 하면 된다. 협상 전에 동종 업계의 연봉을 파악하고 그것을 토대로 계산한 연봉에서 논리적인 인상 폭을 정한 후, 그것을 먼저 제안할 것인지 사측이 먼저 제안하면 나중에 답할 것인지도 사전에 정하는 것이 좋다.

연봉 협상에서도 기술이 탁월하지 않다면 협상이 시작되자마자 먼저 제안하지 않는 것이 좋다. 회사 측은 전 직원들을 대상으로 협상을 해야 하기 때문에 시간적 여유가 없다. 그렇기 때문에 먼저 제안하라고 권유할 것이다. 이 경우 회사의 페이스에 끌려가지 말고 느긋한 자세를 가져야 한다. 사측에서 "얼마를 받고 싶은가?"라고 질문하면 즉답을 피하고 타사에서 자신의 경력을 가진 사람은 얼마를 받는 것 같은지 재질문하는 것이 좋다. 끝까지 직설적으로 "얼마를 주십시오"라고 했다가 거절당하거나 삭감당하는 것보다 "저와 같은 경력을 지닌 사람에게 얼마 정도면 적당하다고 생각하십니까?"라고 질문하고 그 수준에서 약간 상회하는 정도의 요구를 해야 사후 후유증을 최소화할 수 있다.

회사 측에서 당신이 이미 산정한 액수를 제시하더라도 넙죽 받아들이지 말고 침묵하는 것이 좋다. 이 경우 회사의 제안을 즉각 받아들이면 더 얻을 수 있는 것을 잃을 수도 있다. 이때 사측에서 사전 바람잡이로 회사의 형편과 규정을 설명하며 인상에 한계가 있음을 밝히더라도 당신이 서둘러 먼저 제안할 필요는 없다. 이직 인터뷰에서 면접관이 희망연봉을 물을 때도 '혹시 이것 때문에 취직이 안되면 어쩌지?'라는 초조한 마음으로 자기 몸값을 미리 낮추지 말고 "저 정도의 경력자에게 어느 정도를 주십니까?"라고 물어 공을 상대편에게 넘겨라. 자기 몸값을 너무 낮게 부르면 회사가 "그 정도밖에 안되는 인물"로 평가해 버릴 수 있다. 반면 회사의 형편을 고려하지 않고 무리하게 연봉 액수에만 매달리면 오히려 낭패를 볼 수 있다. 회사가 연봉 액수를 인상할 가능성이 낮아 보이면 인센티브, 스톡옵션, 연말 상여금 등으로 파이를 키워 차선 보상책을 받아 내는 것이 현명하다.

3장 인간관계를 위한 자기주장 기술

| 살라미 주장법

| 홍두깨 주장법

| 생크림 주장법

| 구름다리 주장법

| 콜롬보식 주장법

| 고티엠 주장법

| 쓰리쿠션 주장법

| '사회적 알러지'를 피하는 주장법

| '마음의 시력' 주장법

| '우리' 주장법

살라미 주장법

살라미salami는 아주 조금씩 먹어야 하는 이태리 소시지다. 맛있지만 너무 짜서 한 번에 많은 양을 먹을 수 없기 때문이다. 상대편이 한 번에 수용하기 어려운 주장은 살라미처럼 잘게 쪼개서 하나씩 관철하는 것이 좋다. 성질 급한 우리나라 사람들이 잘 활용하지 못하지만 대단히 효과적인 주장법이다. 대개 성질이 급한 사람은 상대방이 자신의 주장을 어떻게 받아들일지 고려하지 않고 한꺼번에 자신이 원하는 것을 다 말해 아예 주장을 거부당하거나 거부에 따른 후유증으로 인간관계까지 망치는 경우가 많다.

사람은 예상하지 않은 상황에서 한꺼번에 너무 많은 것을 요구받으면 본능적으로 자기 방어를 하기 때문에 일단 거부하게 된다. 상대방

주장이 아무리 그럴 듯하다 해도 귀담아 듣지 않는 것이다. 따라서 다소 무리한 주장은 한꺼번에 다 말하지 말고 조금씩 나누어서 말하는 것이 유리하다.

이솝 우화 중 〈일곱 마리 아기 염소와 늑대〉에서 늑대가 사용한 주장법이 바로 '살라미 주장법'이다. 늑대들이 우글거리는 마을에 사는 엄마 염소가 집에 아기 염소들만 두고 시장에 갔다. 엄마 염소는 아기 염소들에게 "늑대가 올지 모르니까 조심하라"고 신신당부한 후 집을 나섰다. 얼마 지나지 않아 정말 늑대가 집 앞에 나타났다. 늑대는 한껏 목청을 가다듬어 엄마 염소 흉내를 냈다. 그러나 아기 염소들은 엄마의 당부를 기억하며 속지 않는다. 그러자 늑대는 '살라미 주장법'을 이용해 아기 염소들에게 자기주장을 편다. 처음에는 "너무 추우니 집 안에 목만 들여 놓게 해 달라"고 말한다. 늑대를 불쌍하게 여긴 아기 염소들이 이를 받아들이자 이번에는 "앞발까지만 들여 놓자"고 한다. 아기 염소들은 이왕 목이 들어왔으니 그 정도는 괜찮다고 여겨 그 주장도 받아들인다. 나중에는 아예 뒷발도 들여 놓게 해달라고 주장해서 아기 염소들이 수긍하게 한다. 마침내 늑대는 본색을 드러내 아기 염소들을 모조리 잡아먹는다.

이런 '살라미 주장법'은 아내에게 집을 팔아 사업을 시작하겠다고 주장해야 하거나 부모님에게 사업 자금을 보태 달라고 부탁할 때, 은행 융자를 받아 주변에서 만류하는 일을 시작해야 하거나 동료들에게 야근 등을 부탁해야 할 때 등 상대방이 선뜻 받아들이기 어려운 주장을 펼 때 사용하면 효과를 거둘 수 있다. 다음 예에서 그 응용법을 살펴보자.

　방석현씨(35세)는 7년간 몸담고 있는 직장이 도저히 적성에 맞지 않는다. 그는 원래 학자가 되고 싶었지만 일찍 결혼해 가족을 부양하느라 유학을 포기하고 취업했다. 그러나 여전히 젊은 시절의 꿈을 접지 못하고 미국 유학을 꿈꾼다. 결혼 7년 동안 맞벌이를 하며 수도권에 집 한 채를 마련했고 아이가 둘 있지만 당분간 아내 월급으로도 생활이 가능해 보여 바로 지금이 용단을 내려야 할 때라고 생각했다.
　그러나 막상 이야기를 꺼내려니 자기보다 현실적이고 이재에 밝은 아내에게 "회사 그만두고 미국 유학을 가고 싶다"는 자기주장을 펴기가 쉽지 않다. 미국으로 가 석사와 박사 학위를 받으려면 적어도 6-7년은 버텨야 하고 그러고 나면 나이도 40이 넘는다. 아내는 틀림없이 "지금 우리나라에 굴러다니고 발에 채이는 것이 미국 박사들인데 나이 40에 박사 학위 받아본들 지금 직장보다 나은 곳에서 일하라는 보장이 있어?"라고 물을 것이다. 그러나 회사 일은 손에 안 잡히고 유학에 필요한 시험 정보와 미국 대학들에 관한 정보만 눈에 띄어 괴롭다. 어제는 직속 상사가 마치 무슨 낌새라도 챈 듯 "요새 무슨 안 좋은 일 있어?"라고 물어 그를 뜨끔하게 했다. 이 시기를 넘기면 영원히 유학 기회는 올 것 같지 않아 초조하지만 결단을 내리려면 아내의 동의를 얻어야 하는데 어렵기만 하다.

김호일씨(33세)는 연봉 3천만 원의 평범한 직장인이다. 유치원생과 세 돌 지난 딸이 둘 있다. 전업 주부인 아내는 아이들 교육비 등을 미리 준비해야 한다며 지독한 자린고비 노릇을 한다. 남편인 그에게도 교통비를 제외하고 하루 5천원만 용돈으로 주고 신용카드도 못 쓰게 한다. 아내를 이해하기 때문에 감내하지만 직장 동료들이 5천원이 넘는 점심을 먹으러 가자고 하면 함께 가지 못해 혼자 구내식당에서 밥을 먹을 때가 많다. 회식비도 종종 필요하고 회식이 늦게 끝나면 택시도 타야 한다.

아내에게 용돈이 너무 적어서 힘들다고 말하자 아내는 "열흘이면 5만원, 휴일을 빼고 한 달만 쳐도 10만원에다 교통비도 들어가니 적은 돈이 아니다"라고 주장한다. 게다가 아내는 입만 열면 "당신 월급으로는 저축은커녕 현상 유지도 빠듯하다"고 불평한다. 김호일씨는 어떻게든 용돈을 올려 달라고 주장해야 하는데 아내가 엄살을 떨며 선수를 치고 나와 제대로 말조차 꺼내지 못하고 있다.

방석현씨는 자기 목적을 아내가 받아들일 것 같지 않아 아내에게 자기주장을 펴기 전에 고민부터 하고 있다. 현실적으로 30대 중반의

가장이 아내에게 가족 부양 의무를 떠넘기고 미국으로 유학 가겠다고 주장하면 쉽게 허락하는 경우가 없을 것이다. 따라서 느닷없이 "나 아무래도 회사 그만두고 유학가야 할 것 같아"라고 폭탄 선언하듯 주장하지 말고 '살라미 주장법'으로 주장해야 관철할 수 있다.

유학을 다녀오는 것이 낫다는 판단이 확고하다면, 먼저 혼자서 면밀하게 유학 계획을 세우고 아내에게는 조금씩 나누어서 유학 가겠다는 주장을 펴야 한다. 처음에는 "영어를 배워야 한다. 새벽 영어 학원에 다니겠다"라고만 말하고 영어 학원에 다닌다. 그런 다음 "미국 대학에 좋은 프로그램이 많은 것 같다. 이번 휴가 때 같이 한 번 가보자"라고 권유한다. 그것이 받아들여지면 함께 다녀온 후 "한 달 정도 연수를 다녀왔으면 한다"고 해서 단기 휴직을 하고 다녀온 다음 "아무래도 유학을 가서 공부를 마저 해야 할 것 같다"고 단계적으로 주장하면 아내의 동의를 얻기가 쉬워질 것이다.

김호일씨도 아내에게 갑자기 용돈을 올려 달라고 한들 통하지 않을 것이다. "이번 달에는 특별히 이런 일이 있어서 이 정도가 더 필요하다"고 말해 평소보다 약간 더 타내고, 그 다음 달에는 필요한 것을 조금 더 말해 올리는 '살라미 주장법'으로 용돈 인상을 주장하는 것이 좋다.

이처럼 상대방의 완고한 생각을 꺾고 자기주장을 관철해야 할 때, 우화 속의 늑대처럼 상대방이 받아들이기 어려운 부탁을 할 때 '살라미 주장법'을 사용하면 큰 효과를 볼 수 있다.

홍두깨 주장법

홍두깨가 무엇에 쓰는 물건인지 잘 모르는 사람도 "아닌 밤중에 홍두깨"라는 속담은 익숙할 것이다. 뜻 그대로 예상치 못한 방법으로 느닷없는 공격을 당할 때 사용하는 말이다. 홍두깨 주장법은 살라미 주장법과 반대되는 주장법이다. 기습적으로, 갑자기 상대방의 기대치를 완전히 뒤엎는 주장을 펴 상대방이 당신의 요구를 최대한 받아들이도록 하는 주장법이다.

홍두깨는 다리미가 발명되기 전, 돌로 된 다듬이에 옷감을 놓고 방망이로 두들겨 옷감의 주름을 펴던 시절, 배를 볼록하게 한 커다란 방망이로 거기에 명주 같은 섬세한 천을 둘둘 감아 돌로 된 다듬이 위에 얹고 방망이질을 하기 위해 발명된 기구다. 다듬질용 방망이와 모양이 비슷하지만 크기는 방망이보다 훨씬 크고 단단하기 때문에 느닷없이 큰 충격을 가하는 물건으로 상징성을 갖고 "가는 방망이에 오는 홍두깨" "아닌 밤중에 홍두깨" 등의 속담에 사용되었다.

'홍두깨 주장법'은 상식을 뒤집는 엉뚱한 주장을 펴 소기의 목적을 이루는 전략이기 때문에 아무 때나 사용해서는 안 된다. 자동차 접촉사고로 상호간의 잘잘못을 가려야 할 때, 정신적 피해 등에 대한 손해배상 등의 범위를 정해야 할 때, 주택이나 자동차 등 가격 결정이 어려운 물건을 거래할 때, 사소한 일로 기분을 상하게 하는 상대방에게 일침을 가해 다시는 그러지 못하게 해야 할 때 유용하게 사용할 수 있다.

상대방이 전혀 예측할 수 없는 상황에서는 살라미 주장법이 효과적이다. 반면 물품 거래, 손해 배상 청구, 가격 결정, 행동 시정 요구 등 상대방이 예측 가능한 상황에서는 상대편의 예측을 뒤집는 홍두깨 주장법이 유용하다. 일반적으로 사람은 예측 불가능한 부탁이나 요구를 들으면 경계심을 강화하지만, 자신의 예측이 빗나가면 자신의 예측에 상대방의 주장을 꿰어 맞추기에 급급해지기 때문이다. 홍두깨 주장법이 필요한 몇 가지 상황을 통해 그 사용법을 익혀보자.

허인혜씨(36세)보다 세 살 연상인 남편은 대기업의 전자제품 생산업체 부장이었다. 그러나 남편은 비전이 없다며 회사를 박차고 나와 전

자제품 대리점을 열었다가 전 재산을 몽땅 날리고 말았다. 대리점을 차린 후 제품을 들여오려면 신용보증기금에서 어음담보를 해야 하는데 신용보증기금은 살고 있는 아파트에 근저당설정을 하고 담보를 제공해 주었다. 초기에는 사업이 제법 잘되는 듯하여 크게 걱정하지 않았다. 그러나 2년 정도가 지나자 물건을 주고받으면서 결재한 어음에 문제가 발생하여 자금 압박이 심해졌다. 그 와중에 큰 거래처가 갑자기 부도를 내고 완전히 주저앉았다.

대기업에서는 빨리 물품대금을 갚으라고 독촉하고 신용보증기금에서는 기한 안에 갚지 않으면 아파트를 경매로 넘기겠다고 난리여서 부랴부랴 아파트를 팔아 급한 빚을 갚았다. 그리고는 간신히 수도권에 있는 작은 아파트 월세로 나앉게 되었다. 거의 매일 술에 취해 새벽에 귀가하는 남편은 뭔가 새로운 일을 시작한 것 같지만 집에 한 푼도 갖다주지 않는다. 갑자기 집안 형편이 어려워지자 중학교 다니는 자녀들도 반항적으로 변한 듯하다.

겁이 난 허인혜씨는 비교적 유복한 친정 부모의 도움을 받아 서울 시내의 작은 아파트로 이사했다. 그런데 남편은 친정 부모 몰래 그 아파트를 담보로 전에 실패했던 사업을 회복하겠다고 주장한다. 이 집마저 날리면 더는 친정의 도움도 기대할 수 없어 남편을 만류해야 하는데 그녀의 만류가 잘 먹히지 않아 걱정이다.

직장생활을 접고 인터넷 쇼핑몰을 운영하는 오은주씨(34세). 의상학을 전공한 그녀는 자기가 만든 옷과 기성복을 섞어서 인터넷에 올려 판매했다. 특히 변리사인 친구가 그녀가 만든 옷의 디자인을 특허 내준다고 해서 그렇게 해두었다. 그러던 중 그녀는 쇼핑몰에서 판매할 의상을 구입하러 시장에 나갔다가 자신이 만든 옷과 똑같은 디자인의 의류들이 시장에서 고가에 유통되고 있는 것을 목격했다. 판매하는 직원에게 물어보니 그 디자인은 요즘 인기 아이템이며 해외에까지 팔려 나간다고 말한다.

오은주씨는 화도 나고 기가 막혀 이 일을 어떻게 해야 할지 고민하다가 변리사 친구의 도움을 받아 손해 배상 청구를 하기로 했다. 그런데 자신이 만든 옷의 디자인 값이 얼마나 비싸겠나 싶어 보상금을 적게 부른 바람에, 소송에는 이겼지만 후에 아는 변호사 등이 너무 턱없이 적은 금액을 받았다고 해 가슴앓이를 하고 있다.

앞의 상황들은 '홍두깨 주장법'을 펴야 하는 경우다. 허인혜씨의 남편은 대기업 재직 시절의 대접을 잊어야 하는데 그러지 못한 것 같다. 자신의 사업적 능력을 잘 모르기 때문에 실패해도 미련을 버리지 못하고 "반드시 회복해야 한다"고 주장하고 있는 것이다.

많은 아내들이 그런 남편의 주장에 밀려 평생 고생한다. 허인혜씨의 경우 남편의 "다시 시작하면 회복할 수 있다"는 주장에 동요하지 말고 반격하려면 느닷없이 "내가 사업을 하겠다(홍두깨 내밀기)"고 주장하는 것이다. 남편은 아내까지 왜 이러나 싶어 덜컥 겁이 날 것이다. 그러면 "더 이상 그런 사업은 하지 말라"는 주장이 통할 수 있다. 허인혜씨 남편처럼 대기업을 그만두고 사업을 시작한 경우, 대기업에서 굳어진 태도로 인해 사업 자금을 완전히 날리고 궁핍해지기 전에는 돈이 생기는 대로 재투자를 하려고 한다. 따라서 "새로 시작하겠다"는 남편의 주장에 수동적으로 대응하면 완전히 밑바닥까지 내려가게 된다. 이럴 때는 '홍두깨 주장법'만 통한다.

뒤의 오은주씨 경우처럼 요즘에는 무형의 재산인 디자인, 사진, 글 등의 저작권 가치가 인정되며 예상보다 큰 배상을 받을 수 있다. 미국의 많은 판례에서도 상대방이 어이없어 할 만큼 엄청난 금액을 제시한 경우일수록 높은 배상금을 받은 것으로 나타났다.

따라서 이런 문제를 변호사에게 의뢰할 때도 배짱 있게 높은 액수를 받아주겠다는 사람을 선정할 필요가 있다. 무형의 가치는 일단 본인이 제안한 순간 그것을 기준으로 흥정이 되기 때문이다. 이처럼 손해 부분 측정이 모호한 경우에는 일단 홍두깨부터 들이미는 것이 유리하다.

생크림 주장법

주장은 대체로 타인에게 파이를 나누어 달라고 해야 하거나, 타인이 원치 않는 일을 행해 달라고 할 때, 타인의 습관을 바꾸어 달라고 주문할 때 사용하는 의사소통 방식이다. 그래서 지레 '내 주장이 잘 받아들여지지 않으면 어떡하나?' 걱정부터 하기 쉽다. 괜히 말했다가 망신만 당하는 거 아닌가 싶어 속으로 끙끙 앓기만 하고 자기주장은 제대로 펴지 못하는 경우도 많다. 특히 30대는 좌충우돌하며 인생을 시험할 나이는 아니지만 주장이 확고해야 할 직위를 갖는 시기이기 때문에 괜히 자기주장을 폈다가 그에 따를지도 모르는 부작용에 대한 고민이 더욱 많아진다.

그러나 30대인 당신이 상대방이 선뜻 받아들이기 어려운 주장을 할

자기주장 기술

때 파이에 생크림을 얹어서 그것을 나누자고 주장하는 방법을 안다면 그런 고민을 크게 줄일 수 있다. 일례로 연봉 협상을 할 때 연봉(파이)을 올려줄 수 없을 것으로 보이는 회사의 입장을 고려하느라고 우물쭈물 할 것이 아니라 보너스나 연월차, 휴가(생크림) 등을 더 달라(얹기)고 주장해 그에 못잖은 이익을 챙기라는 것이다. 중고차 매매 시 가격(파이)을 더는 깎아 줄 수 없다고 주장하는 매도자에게 의자 커버나 장식품(생크림) 등을 더 달라고 해서 이익을 챙기는 것, 물품대금을 더는 높여 줄 수 없다는 거래처에 서비스 등 다른 옵션을 챙겨 달라고 주장하는 것, 또는 주주들이 협의해서 회사의 문을 닫아야 할 경우에도 그냥 닫지 않고 유사 업종과 통폐합을 해서 회사의 규모를 키워 모두에게 이익이 더 많이 돌아가도록 주장하는 것 등이 파이에 생크림을 얹어 의사를 관철시키는 방식이다.

파이에 생크림을 얹어 주장하는 방식은 상대의 성격을 제어하는 데도 유용하게 사용될 수 있다. 타협을 모르는 고집쟁이, 완고한 보수파, 나보다 힘이 세며 권위적인 상대에게 자기주장을 펼 때 사용하면 유용하다.

집을 팔 때 집을 수리하여 가격을 높이거나 중고차 판매 시 자동차 수리로 외관을 새 것처럼 단장해 수리비 이상을 받아내는 것도 생크림 얹기에 해당된다. 사람은 돈 자체보다 기분에 좌우되는 속성을 가지고 있다. 깨끗이 수리된 집이나 자동차를 보면 그 이상의 가치를 주장해도 거부감이 덜하게 되어 있다. 가정에서도 아내는 외식 후 연극 구경을 원하지만 자신은 뮤지컬 관람을 원할 경우 이번에는 연극을 보고 다음에는 뮤지컬을 보자고 주장해 자기 뜻을 관철할 수 있다. 성공적인 부부 생활, 자녀 교육에는 생크림 주장법이 매우 잘 통한다. 다음의 몇 가지 예를 통해 생크림을 얹어 주장을 관철하는 방법을 찾아보자.

펀드 매니저 진호철씨(36세)는 헤드헌터로부터 외국계 은행 지점장 자리를 제의 받고 고민 중이다. 각박한 펀드 매니저 생활에 비해 스카웃 제의를 받은 외국계 은행 지점장은 여러모로 탐나는 자리이기 때문이다. 연봉도 조건에 맞고 아이들의 조기 유학 등을 고려할 때 적절한 시기의 미국 본사 근무도 보장된다.

그러나 자리를 옮긴 후 일 년 간 지방근무를 해야 한다는 조건이 마음에 걸렸다. 아직 아이들이 초등학교와 유치원에 다니고 있지만 아내가 백화점 쇼케이스 디자이너로 지방으로 내려가려면 직장을 그만두거나 주말 부부가 되어야 한다는 문제와 지방 근무시 발생하는 교통비, 두 집 살림에 따른 생활비 과다 지출 등이 큰 걸림돌이다. 그러나 은행 측에서 제시하는 연봉은 거의 최고 수준이어서 연봉을 더 올려달라고는 주장할 수 없을 것 같아 고민 중이다.

출판사 편집주간 홍다미씨(35세)는 컴퓨터 게임에 빠진 초등학교 3학년 아들과 매일 전쟁을 치른다. 그녀는 아들에게 "공부부터 하고 게임을 하라"고 주장하고 아들은 "게임을 해야 공부가 잘된다"고 응수한다. 아들은 그렇게 주장하지만 게임에 빠지면 시간 가는 줄도 모르다가 번번이 숙제도 제대로 하지 못한다. 그녀는 자신이 회사 일에 열중하느라 아들 교육을 제대로 하지 못한 것 같아 마음이 아프다. 회사를 그만두어야만 해결되는 문제인지 고민만 할 뿐, 현실적인 해결책을 찾지 못하고 있다.

진호철씨는 직장을 옮길 마음이 확고하다면, 연봉 인상이라는 무리한 주장을 하지 말고 기존에 제시한 연봉(파이)에 교통비, 지방 체재비(생크림) 등을 별도로 지급해 달라고 주장하면 관철될 가능성이 높아진다. 주장하기 전에 주장의 목적을 분명히 하고(이직하겠다) 그 주장에 필요한 조건을 상대편이 예측하는 것(파이)으로만 요구하지 말고 그들이 그다지 중요시하지 않으면서 규정상 줄 수 있는 수당(생크림)을 얹어 달라고 주장하면 받아들이는 편에서도 그리 어렵지 않게 받아들이게 될 것이다.

홍다미씨는 아들에게 한 "먼저 공부한 후에 게임하라"는 주장이 받아들여지지 않으면 아들이 공부(파이)에 매력을 느낄 만한 요소(생크림), 즉 공부한 후에 게임하면 게임 시간을 30분 더 늘려주겠다. 주말에는 한 시간 더 하게 해 주겠다. 재미있는 게임 소프트웨어를 상으로 주겠다 등의 생크림을 얹어서 주장해야 효과적으로 관철시킬 수 있을 것이다. 지금처럼 상대방이 내미는 파이(먼저 게임하고 공부하겠다)에만 매달려 그것을 더 달라(공부부터 하고 게임하라)고 주장하면, 아이는 엄마가 처한 상황(직장 일이 너무 바쁘다)을 아주 잘 알기 때문에 쉽게 엄마의 주장을 받아들이려 하지 않을 것이다.

이처럼 더 많은 것을 얻어내기 위한 주장, 상대편이 받아들이기 어려운 주장을 할 때는 파이(주장의 본 내용)에 생크림을 얹어 보라. 주장 관철이 훨씬 쉬워질 것이다.

구름다리 주장법

몇 년 전 우리 회사 사무실이 세 들어 있는 건물 주가 37세 된 아들의 중매를 내게 부탁했다. 그녀의 아들은 남들이 부러워하는 좋은 대학 출신에 미국 유학도 다녀왔고 훌륭한 직업(증권사 중간 관리자)을 가졌으며 강남에 빌딩도 두 채나 있는 남자인데 결혼은커녕 이렇다 할 연애도 못해 봤다는 것이다. 그 어머니는 아들이 주변머리가 부족해 마음에 드는 여자가 있어도 고백을 못해 그렇게 된 것 같다고 한다. 이제는 어쩔 수 없이 어머니인 자신이 나서서라도 적극적으로 결혼을 시키고 싶다는 것이다.

사랑 고백도 일종의 주장(나는 너를 사랑한다. 그러니 너도 나를 사랑해 달라)이다. 그러므로 상대방의 기분을 예측하고 적절한 때를 선택해

주장이 받아들여지도록 말하는 기술이 절대적으로 필요하다. 특히 사랑 고백은 상대방이 나에 대해 내가 상대방에게 갖는 것과 같은 기분을 느끼는지 확인할 수 없는 상황에서 "나를 사랑해 달라"고 적극적으로 주장하는 것이기 때문에 주장 후의 처리가 미리부터 괴로울 수 있다. 상대방도 나와 같은 마음이고 내 고백을 받아들일 준비가 되어 있다면 문제가 없지만, 그렇지 않다면 어떤 형태든지 후유증이 뒤따르기 때문이다.

그러나 지금 30대인 당신이 확고한 독신주의자가 아닌데도 싱글로 하루하루를 지내고 있다면 사랑 고백 주장에 유용한 구름다리 효과를 노려보라고 권하고 싶다. '구름다리 효과'는 상대방이 주장을 받아들일 만한 환경을 조성한 후 주장을 펴 관철시키는 방법이다. '구름다리 효과'는 미국의 심리학자 더튼Dutton과 아론Aaron의 실험 결과에서 얻은 기법이다. 두 학자는 캐나다 밴쿠버에 있는 수십 미터 높이의 구름다리에서 서로 모르는 남녀 학생들을 각각 한 명씩 구름다리 중간에서 만나게 하고 두 사람의 감정 변화를 측정했다. 그 결과 대부분의 학생들이 구름다리에서 만난 이성에게 호감을 느껴 연락처를 주고받았다. 그러나 구름다리가 아닌 평지에서 같은 실험을 하자 연락처를 주고받는 남녀가 거의 없었다.

구름다리에 올라간 학생들이 상대방을 만났을 때 가슴이 뛰고 흥분 상태가 된 것은 상대방에게 반해서가 아니라 높은 곳에 올라갔기 때문이지만 '그곳에서 만난 이성에게 끌려서'라고 착각할 수 있다는 것이다. 이유는 구름다리를 건널 때 좋아하는 사람 곁에 있을 때처럼 뇌 안의 호르몬인 도파민과 엔돌핀 분비가 급격히 증가하는 것과 동일한 상태가 되기 때문이다. 두 호르몬이 동시에 다량 분비되면 가슴이 두근거리고 흥분 상태에 빠진다고 한다.

미국의 심리학자 섹터Sector는 또 다른 실험을 통해 "사람은 무서워서 심장이 두근거리거나 운동을 너무 많이 해서 숨을 헐떡일 때 우연히 만난 이성에게서 사랑을 느낀다"는 사실도 밝혀냈다. 그는 실험을 통해 심한 운동을 한 지 5분 내에 포르노 사진을 본 남성들의 성적 흥분은 최고조에 달하지만, 운동 후 9분이 지나면 이성적으로 변해 순간적인 감정 때문이 아니라 이성에게 매력을 느껴야만 흥분 상태가 된다는 사실도 밝혀 냈다.

따라서 혼자 짝사랑하던 연인에게 사랑의 감정을 불러일으키고 싶거나 변심하려는 애인의 마음을 되돌리려면 당장 그를 데리고 구름다리나 아슬아슬한 놀이기구 또는 피트니스 등 땀이 많이 나고 흥분 상태가 되기 쉬운 장소로 데리고 가서 사랑을 고백해 보는 것은 어떨까? 물론 상대방이 이런 주장을 받아들인 다음에는 그것이 착각이 아니었다고 믿게 하는 지속적인 노력이 뒤따라야 한다.

직장 여성 배미연씨(34세)는 4년 전 소개팅에서 만난 남자와 아주

헤어진 것도 아니고 결혼을 언제 할지도 모르는 불투명한 상황에 놓여 있다. 두 살 위인 그 남자는 아직 헤어진 예전 여자친구와 완전히 끝내지도 않았으면서 잊을 만하면 미연씨에게 전화해 괜히 가슴을 설레게 한다. 게다가 미연씨와 절친한 후배까지도 그 남자를 짝사랑하고 있어 그녀가 먼저 고백하기도 어려운 상황이다. 지금도 남자는 가끔 전화해 밥 한 번 먹자, 차 마시자고만 할 뿐 별다른 말은 하지 않는다. 항상 이런 식으로 그녀를 가슴 뛰게 해놓고서는 잠수를 타곤 해 그녀가 다른 남자 만날 마음을 갖지 못하게 한다. 가끔 먼저 고백해 볼까 생각하지만 "그저 편한 오빠 동생 사이" 같은 실망스러운 대답을 들을까 봐 망설이기만 한다.

직장을 그만두고 대학원에 다니는 민효환씨(33세) 학기 말 논문만 남아 있어 머리도 식힐 겸 인터넷 채팅을 하다가 호감 가는 여자를 만났다. 번개를 통해 만난 순간 완전히 '필'이 꽂혔다. 그러나 그녀는 번개 이후 채팅 상에서 만났는데도 전과 변함없이 똑같이 그를 대했다. 민효환씨는 이런 상황이 아쉬워 불쑥 우회적으로 자신의 감정을 털어 놓았는데도 아무런 반응이 없었다. 소심한 그는 크게 상처받고 그녀를 포기하기로 했다. 그런데 그녀를 잊을 때쯤 그녀가 전혀 아무 일도 없었다는 듯 채팅 상에서 말을 걸어 왔다. 이제는 더욱 친해져서 밤새워 채팅도 한다. 이제 나이도 있고 집에서도 결혼을 종용하니, 그녀에게 진지하게 고백하고 졸업 후 취업하면 안정된 가정을 꾸리고 싶지만 이

전에 서툴게 감정을 표현했다가 실패한 경험 때문에 섣불리 말도 못하고 있다.

사랑은 착각의 산물이다. 볼품없고 형편이 어려운 남자도 애인에게는 잘난 왕자님이고, 통통하고 평범한 여자도 아름다운 공주님이다.

배미연씨는 적은 나이도 아니기 때문에 마음에 드는 남자에게 적극적으로 "나 너 좋아한다. 너는 어떠냐?"고 주장해 보고 아닌 것 같으면 빨리 포기하겠다고 결심하는 것이 좋다. 그러기 위해서는 자신의 사랑고백이 받아들여질 수 있도록 구름다리 효과를 노려 보는 것이 좋다. 구름다리가 아니더라도 스쿼시 등 격렬한 운동 후 또는 놀이공원의 도깨비 집 같은 곳에 가서 사랑을 고백해 보라. 그렇게 했는데도 그 남자가 여전히 미적댄다면 빨리 미련을 버리고 다른 사람을 찾는 것이 좋다. 그 남자는 당신에게 전혀 이성적인 감정을 갖지 않고 있다고 보면 된다.

민효환씨 역시 한 번의 실패에 너무 연연해하지 말고 이 구름다리 주장법을 이용해 자기주장을 할 필요가 있다. 두 사람뿐만 아니라 어쩌다 혼기를 넘긴 30대 중후반이라면 호감이 있는 이성을 놀이동산의 구름다리나 귀신의 집 같은 장소로 데려가 사랑고백을 해보고 관계를 정리하는 것이 좋다.

기혼인 30대 또한 이미 권태기에 빠진 경우도 많다. 이럴 때도 부부가 함께 땀을 많이 흘리는 스쿼시나 조깅 같은 운동을 하거나 구름다리 효과를 얻을 수 있는 곳으로 가서 "결혼 생활의 활력을 되돌리자"고 주장하면 쉽게 관철할 수 있을 것이다. 직장 상사도 직원들에게 단합을 주장하려면 극기 훈련으로 땀을 많이 흘리게 하거나, 화합이 잘 되지 않는 부서 통합 후에는 놀이공원 등에서 함께 가장 난이도가 높은 놀이 기구를 타게 한 다음 주장을 펴면 효과가 극대화될 것이다.

콜롬보식 주장법

지금의 30대들이 아직 태어나기 전, 혹은 아장아장 걷던 시절, 지금의 미국 드라마 〈CSI〉 시리즈처럼 우리나라에서도 텔레비전으로 방영되어 인기를 모은 〈형사 콜롬보〉가 있었다. 이 영화를 보지 못한 30대들을 위해 간단히 설명하자면, 주인공 콜롬보 형사 역을 맡은 피터 포크는 키도 작고 눈도 짝짝이다. 작은 체구를 완전히 파묻는 길고 낡은 레인코트를 걸치고 다닌다. 사건 진상을 캐는 방식도 그의 체격이나 외모처럼 어수룩하다. 그러나 그 어수룩함으로 상대방이 긴장을 풀고 자기 입으로 죄를 고백하게 한다.

〈형사 콜롬보〉가 인기 있었던 이유는, 그 전의 수사물에 등장한 형사들은 모두 논리적이고 냉철한 인물이었지만 콜롬보는 그저 흔히 볼 수 있는 이웃 아저씨처럼 친근하면서도 사건 해결 실력만큼은 논리적인 사람들 못지않았기 때문이다. 극중에도 "당신은 어설프고 더듬거리지만 늘 급소를 찾는군요"란 대사가 자주 나온다. 그는 용의자 주변을 맴돌며 그저 간단한 질문만 던져 용의자를 안심시키면서 근거 자료를 모은다. 간혹 고위층 용의자가 권위적인 태도로 압박해도 콜롬보 형사는 절대 감정적으로 대응하지 않는다. 그저 미안하다며 순순히 돌아서지만 결코 포기하는 법이 없다. 다음 날 아무 일도 없었던 듯 다시 용의자 앞에 나타나 다시 같은 질문을 한다. 상대방은 그것이 같은 질문이라고 생각하지 못해 순간적으로 허점을 드러낸다. 이런 상태가 되풀이되면서 대부분의 용의자들은 거짓말을 짜맞추지 못해 자기 입으로 단서를 제공하고 만다. 그의 성공 요인은 아무것도 모르는 어수룩한 사람으로 보이면서, 상대방이 경계심을 풀도록 유도한 다음 자기주장의 근거에 필요한 완벽한 자료를 모으는 것이다.

'콜롬보식 주장법'은 상대방에게 잘못을 인정하라고 주장해야 할 때, 상대방의 고집을 꺾고 내 주장을 관철해야 할 때, 흥정에서 내가 원하는 조건을 관철시키고 싶을 때 활용하면 효과를 거둘 수 있다. 콜롬보식 주장법은 상대방이 화를 내거나 모욕을 해도 동요하지 않고 점잖게 일관적으로 대하면서 마음을 흔드는 주장법이다. 몇 가지 예를 통해 그 방법을 익혀 보자.

김주현씨(32세)는 업무상 계산기를 많이 사용한다. 그런데 최근 남자 후배가 옆자리로 온 후부터 자리만 비우면 계산기가 없어진다. 그 후배는 남의 물건을 말없이 가져다 쓰고는 제자리에 돌려놓지 않는 사람인 것 같지만 심증만 있을 뿐 물증은 없는 상태다. 그래서 김주현씨는 계산기가 사라질 때마다 총무과에 가서 아쉬운 소리를 하고 계산기를 다시 받아 오곤 했다. 이 일이 계속 반복되자 총무과에서도 더는 계산기를 제공해 주지 않았고, 할 수 없이 그는 자기 돈을 주고 계산기를 사야 했다. 그래서 이번에는 절대 잃어버리지 않으려고 작은 포스트잇에 이름과 전화번호를 적고 다시 스카치테이프로 붙여 두었다.

　　그런데 그 계산기마저 며칠 가지 못하고 사라졌다. 김주현씨는 주변 동료들의 책상을 뒤져 보았다. 역시나 예측대로 옆자리 후배 책꽂이 안에 계산기가 책들과 함께 꽂혀 있는 게 아닌가. 그는 이때다 싶어 자리로 돌아오는 후배에게 "저 계산기 네 거냐?"고 물었다. 후배는 낯빛 하나 변하지 않고 "네, 제가 샀는데요?"라고 대답했다. 계산기에 자신이 붙인 포스트잇과 테이프 자국까지 확인했는데도 뻔뻔스럽게 자기 것이라고 주장하자 화가 폭발했다. 김주현씨는 큰 소리로 후배에게 말했다. "직장생활 그렇게 하는 거 아니다. 필요할 때 빌려 달라고 하면 누가 안 주냐? 그런데 남의 것을 네가 샀다고?" 그러나 후배는 눈 하나 깜빡하지 않고 대들었다. "누가 이런 걸 제 돈 주고 삽니까? 제가 돈 주고 샀다고 말하면 믿을 겁니까? 회사 비품 나눠 쓰는 게 뭐가 문젭니까?" 사무실에서 큰소리가 나자 상사들이 자리에서 일어나 왜 그러냐고 물었다. 그는 억울하지만 입을 다물었다. 그러나 후배가 또 언제 자기 물건에 손을 댈지 몰라 기분이 찜찜해서 견딜 수가 없었다.

7년 만에 자가용을 바꾼 조계식씨(34세). 며칠 전 대로에서 신호가 바뀌는 중에 커브를 돌다가 가벼운 접촉사고를 냈다. 인명사고는 없고 상대방 자동차 범퍼와 운전석 쪽의 펜더 부분만 찌그러졌다. 보험회사에 문의하니, 도로교통법 상 신호가 중간에 바뀌는 차선을 이용한 조계식씨가 책임져야 한다고 해서 상대방의 자동차를 수리해 주기로 하고 헤어졌다. 그런데 상대방은 자신의 승용차를 공업사에 맡기고 수리비와 수리 기간 중의 렌터카 비용 등을 합해 총 80만원을 청구했다. 내역을 보니 헤드라이트와 운전석 차문까지 교체한 것으로 되어 있었다. 현장에서는 분명히 앞 범퍼와 펜더만 긁혔는데 엉뚱한 곳까지 수리한 것이다. 수리비는 보험으로 지급하면 되지만 보험료가 나중에 할증이 되는데다 엉뚱한 수리비까지 청구되니 억울했다. 그러나 사고 당시 확실한 증거를 만들어 놓지 못해 뭐라고 주장해야 할지 몰라 속만 탔다.

김주현씨가 겪는 상황은 남 일이라면 "별 거 아닌데 그냥 웃어넘겨"

라고 충고할 수 있지만 당사자에게는 커다란 스트레스를 주는 일이다. 옆자리 후배가 매번 계산기를 훔쳐갔다는 증거가 없기 때문에 "네가 매 번 내 계산기 가져갔지?"라고 주장해 속 시원히 문제를 해결할 수도 없다. 사소한 누명이라도 상대방이 반발하면 큰 갈등으로 비화할 수 있기 때문이다. 이럴 경우 아무 물증 없이 후배에게 "네가 내 계산기 훔쳐갔지?"라고 주장하면 오히려 약점만 잡히기 쉽다. 약이 오르더라도 먼저 후배가 꼼짝 못하고 인정하게 할 만한 물증부터 확보한 후 자기주장을 펴야 한다.

가장 좋은 방법은 계산기에 자신만 아는 표시를 해두고 믿을 만한 누군가에게만 그 표시를 보여 주는 것이다. 그런 후 후배 자리에서 문제의 계산기가 나오면 표시를 보여 준 사람을 증인으로 세워 놓고 "이 사람도 알다시피 이건 분명히 내 것"이라고 주장하면 된다. 그가 꼼짝 못하고 수긍하면 다시는 몰래 남의 물건을 갖다 쓰지 말고, 쓰면 제자리에 놔두라고 확실하게 자기주장을 펼 수 있다. 만약 이런 과정을 거치지 않고 지금처럼 막연히 "그 계산기 내 거야. 내가 붙였던 테이프 자국이 있잖아!"라고 어설프게 주장하면 상대방은 궁지에 몰려 더욱 발뺌하려고 할 것이다. 그러나 확실한 증거가 없기 때문에 시시비비가 가려질 수 없고, 그러다 감정적으로 다투게 되면 다른 동료들은 후배보다는 나이 많은 선배에게 비난의 눈초리를 보내기 쉽다. 그러므로 이런 경우 증인을 확보해 반론을 봉쇄한 후 주장해야 한다. 그러나 회사 동료란 가족보다 더 오랜 시간을 함께하는 파트너이기 때문에 가능한 상대에게 치명타는 입히지 않는 것이 좋다. 모든 동료들 앞에 공개 망신은 주지 말고 미리 정해 둔 증인과 두 사람만 알도록 깔끔하게 처리하는 것이 좋다.

조계식씨의 경우, 교통사고 이후 상대방이 고장 난 차를 공업사에 맡기고 청구서를 보낸 상태라면 상대방의 주장을 철회시키기 어렵다. 이와 같은 상대방의 부당한 주장에 반격을 가하려면 사고 당시 휴대폰 카메라 등으로 사고 부위를 사진으로 찍어 증거를 확보해 두어야 한다. 만약 도저히 참을 수 없어 상대방에게 따지고 싶다면 "왜 사고 부위가 바뀌었지요?"라고 따져 경계심을 갖도록 할 것이 아니라 "몸은 괜찮으세요? 그런데 제 차 부딪힌 부위와 그쪽 차 부딪힌 부위가 다르네요. 어떻게 된 거죠?"처럼 어수룩한 질문(콜롬보식 주장법)으로 상대방이 자기 입으로 자백하게 만들어야 주장의 효과를 거둘 수 있다.

고티엠 주장법

하나를 먼저 주고 나중에 몇 배로 받아내는 주장법을 '고티엠(GOTM; Give One First, Take More Later) 주장법'이라고 한다. 주장이란 반드시 받아주어야 할 상대가 필요하며 그 상대가 받아들인다는 보장은 없지만 꼭 받아들이도록 해야 할 목적을 가진 의사소통 방식이다. 따라서 어떤 주장도 일단 펼치면 거부당하지 않고 관철되도록 해야 한다.

30대는 가정과 사회의 중추적인 역할이 주어져 타인의 인격과 권리 침해를 방어할 수 있는 주장, 자신의 아이디어와 사고방식, 일하는 방법 등을 전파하기 위한 주장 기술에 따라 전혀 다른 대우를 받을 수 있다. '고티엠 주장법'은 상대방의 이해 부족 또는 이권 대립 등으로 받아들여지기 어려운 주장 관철에 유용하다. 이 주장법은 상대방에게 미리 선심을 베풀어 반론의 수위를 낮추거나 예방한 다음 자기주장을 펴는 방식이다. "공짜라면 양잿물도 마신다"는 속담이 있듯이 남에게 이유 없이 무언가를 받으면 부담을 갖는 사람들이 많기 때문에 이 방식이 통하는 것이다. 직장 동료가 한 번 점심을 사면 다음번에는 자기가 사는 것을 당연시하고, 친구나 인척이 무거운 이삿짐을 날라주면 그 집이 이사갈 때 자신도 도와야겠다고 생각하게 된다. 오랫동안 연락하지 않고 지내던 친구가 갑자기 연하장을 보내면 반가운 마음보다는 '나도 어서 보내야겠군' 하는 빚진 기분이 드는 이유는 무엇일까. 어렸을 때부터 부모에게서 "공짜를 바라는 것은 얌체 짓이다." "공짜 좋아하면 머리가 벗겨진다" 등의 농담 섞인 가정교육을 받고 자랐기 때문은 아닐까.

　이처럼 보통 사람들은 상대방이 먼저 베풀면 빚진 기분이 들어 반론을 제기할 일이 있어도 각을 세우지 못한다. 고티엠 주장법은 자립심이 강해 남에게 신세지기 싫어하는 사람, 다른 사람에게 영향력 행사하기를 좋아하는 사람, 자기 지위에 대한 자부심이 강한 사람, 성격이 까다로운 대상에게 주장할 때 유용하다. 또한 보험이나 서비스업 종사자가 고객에게 판매를 권유할 때, 사적으로 괴롭히는 상사에게 그만하라고 주장할 때, 까다로운 남편 혹은 시댁 식구들에게 내 권리 등을 주장할 때 유용하다.

　한 보험회사의 판매왕이 고객의 세탁물을 대신 맡겨 주고 수거해

주는 서비스를 제공하는 방법으로 수많은 고객을 확보하고 좋은 관계를 유지한 것이 비결이었다고 말한 기사를 신문에서 읽은 적이 있다. 세탁물을 맡기고 찾아오는 일은 누구나 귀찮아한다. 판매왕이라고 해서 이런 일이 즐거웠을 리 없다. 그러나 그는 기꺼이 그 일을 행함으로써 더 많은 것(보험 가입)을 얻어낼 수 있었다.

직장 동료에게 야근을 대신해 달라고 부탁하거나 프로젝트에 필요한 자료를 빌려 달라고 부탁할 때 미리 밥을 사는 일도 고티엠 주장법에 속한다. 서양의 바람난 남편들은 아내를 근사한 식당으로 초대해 식사하면서 이혼을 요구하거나, 외도 사실을 고백하며 용서해 달라고 주장한다. 아내가 자신의 말을 거부하지 못하게 하기 위해서다. 즉 고티엠 주장법을 잘 활용하는 경우라고 할 수 있다.

타의에 의해 대기업 부장을 사직하고 자동차 영업 사원이 된 홍석규씨(38세). 대기업 시절 지녔던 갑甲의 근성이 남아 있어서 오래 고생했다. 당장이라도 때려치우고 싶은 마음이 굴뚝같지만 곧 중학생이 될 아이들과 사회 경험이 없는 아내가 자기만 바라보기 때문에 그럴 수도 없다. 영업소장은 홍석규씨의 낮은 실적과 거만한 자세를 탓하며 매일 그의 자존심을 건드리고는 했다. 그러나 전에 영업을 해본 적이 없던 터라 실적을 잘 내지 못하고, 몇 달 간 집에 생활비도 주지 못했다. 자신을 원망하는 듯한 아내와 자녀의 눈망울을 보면 '내가 원하던 인생은 이런 것이 아니었는데' 라는 생각에 한숨만 나왔다.

고교 시절에는 일류대학만 들어가면 인생이 온통 장밋빛일 줄 알았고, 대학 졸업 후 대기업에 입사하면서 앞날은 항상 탄탄대로일 거라고 믿어 의심치 않았다. 그런데 생각지도 못한 자동차 영업 사원이 되었고, 그나마도 실적을 올리지 못해 가족 부양마저 제대로 할 수 없는 상황이 되었다니. 너무 늙지도 젊지도 않은 나이에 이런 어중간한 인생을 살게 되었다는 사실이 한심하기만 하다.

광고회사 AE로 일하는 정인규씨(32세). 5세 위인 상사가 너무 게을러 자기 할 일을 그에게 미루는 바람에 스트레스를 받고 있다. 자신은 몇십 억짜리 프로젝트를 맡아서 프레젠테이션 등을 준비하느라 정신이 없는데도 상사는 자신이 써야 하는 보고서까지 정인규씨에게 대신 작성하라고 지시한다. 그럴 때마다 시간도 없고 마음도 쓰이지 않아 대충 짜깁기해서 주는데, 나중에 영락없이 그것을 꼬투리 삼아 재작성하라고 지시한다. 그것도 결재할 부장, 이사, 사장 것을 따로 따로 만들라고 한다. 시간을 더 쏟아 부으라는 것이다.

한두 번도 아니고 매사가 이런 식이나 대형 프로젝트를 맡아도 신바람이 나지 않을 때가 많다. 정인규씨의 회사는 프로젝트를 맡은 AE가 모든 책임을 져야 하는 시스템이다. 그래서 그는 상사가 프로젝트 준비 중에 자신이 써야 할 보고서를 대신 쓰라고 지시하면 "전 할 일이 많으니까, 자기 일은 스스로 하세요"라고 당당하게 주장하고 싶지만, 사내 위계 질서 상 제대로 말도 못하고 울며 겨자 먹기 식으로 잠을 줄이며 부장 일을 대신해 주고 스트레스만 받는다.

위의 홍석규씨는 현재 자동차 영업 사원으로 성공했다. 비결은 고객이 될 만한 지인들에게 먼저 하나를 내주고 나중에 자동차를 사라고 하는 '고티엠 주장법'을 사용했기 때문이다. 그는 대기업 시절 알고 지내던 사람들에게 무조건 연락해 밥부터 사는 전략을 세웠다. 그들은 지금 자동차를 바꾸지 않아도 언젠가는 고객이 될 사람들이다. 마침 대기업에 다닐 때 접대 파트에서 일했기 때문에 단골이 된 싸고 맛있는 집들이 많았는데 거기서 아이디어를 얻었다.

홍석규씨는 인터넷을 뒤져 특이하고 재미있는 식당들을 더 많이 발굴해 직접 가서 먹어보고 자기만의 맛집 리스트를 만들었다. 그 덕에 식사 대접을 받은 지인들은 나중에 그 식당의 전화번호와 위치를 다시 물어왔으며, 이번에는 자기가 사겠다며 그를 다시 초대했다. 이처럼 꼬리에 꼬리를 무는 만남이 이어지자 "내가 파는 자동차를 사 달라"는 주장이 잘 통했다. 그리고 그에게 한 번 자동차를 산 사람들은 다른 고객을 소개해 주기도 했다. 그래서 이제는 따로 모객을 하지 않아도 될 정도로 고객들이 꼬리에 꼬리를 물며 늘고 있다.

정인규씨는 상사에게 "프로젝트 중에는 개인적인 일을 시키지 말아달라"는 자기주장을 펴지 못해 스트레스에 시달리고 있다. 그가 할 수 있는 방법은 자신이 프로젝트를 하지 않을 때 부장에게 "○○에 관한 보고서는 제가 쓰겠습니다. 그 대신 제가 프로젝트 진행 중일 때는 ○○을 맡아 주십시오"라고 주장하는 것이다. 가끔 밥을 사며 자신의 고충을 말해 함부로 괴롭히지 못하도록 하는 것도 방법이다.

옛말에 "미운 놈 떡 하나 더 준다"는 말이 있듯, 싫은 사람과 가까워져야 하거나 내키지 않는 부탁을 해야 하는 경우에도 먼저 베풀어 빚진 기분을 갖게 하는 고티엠 주장법을 사용하면 성공 확률이 높아진다. 당신이 영업사원이고 고객이 수험생을 둔 학부모라면 대입 관련 자료를 챙겨 주고 나중에 당신의 생각을 말하는 것이 좋다. 고객에게 치매에 걸린 노모가 가장 큰 걱정거리라면 치매 노인을 마음 놓고 맡길 수 있는 병원 리스트를 소개하고, 상대방이 마땅한 투자처를 찾지 못해 고민 중이라면 믿을 수 있는 안전한 투자처를 알려줄 수도 있다.

그러나 당신이 제공하는 것이 상대방을 오히려 귀찮게 할 수도 있다는 사실에 항상 유의해야 한다. 그럴 경우에는 오히려 역효과가 날 수 있기 때문에 하나를 주고 금세 더 내놓으라고 하는 방식은 위험하다. 내 생각에는 상대편에게 꼭 필요한 일 같다 해도, 정작 상대방이 그것을 달가워하지 않으면 바로 중단해야 한다. 내가 준 하나에 상대방이 충분히 흡족해할 때 더 달라고 주장해야 통한다.

쓰리쿠션 주장법

'쓰리쿠션'은 당구 게임의 용어다. 당구는 두 사람이 서로 다른 색의 둥글고 매끄러운 공을 사각형 당구대 바닥에 깔린 쿠션을 이용해 맞추어서 점수를 내는 게임이다. 연속해서 상대방 공을 맞추면 안 되고, 상대방 공을 맞추고 쿠션을 때린 후 다시 상대편 공을 때리는 것을 세 번 되풀이해 한 번에 높은 점수를 내는 '쓰리쿠션' 방식으로 쳐야 승리하기가 쉽다. 이때는 자신이 맞히려는 공이 아닌 다른 공을 때려 엉뚱한 공과 부딪히게 해야 한다.

'쓰리쿠션 주장법'은 주장을 받아들이는 사람과 코드가 맞지 않아 제삼자를 통해 주장을 관철하거나 상대방이 받아들이기 곤란한 주제를 직접 전달하지 않고 그 주제에 영향을 줄 다른 주제를 건드려 상대방이 알아서 내가 원하는 주장을 받아들이게 하는 방식을 말한다. 제5차 한미 FTA가 열리기 전 미국 측 대표들이 뼛조각이 든 쇠고기 수입을 제한한 한국 측에 항의하며, FTA본질은 아니지만 회담에 영향을 준 것이 일종의 '쓰리쿠션 주장법' 이라고 할 수 있다.

결혼에 반대하는 부모를 직접 설득해도 소용없을 때 부모 마음을 움직일 수 있는 제삼자에게 설득해 달라고 하거나, 치료를 거부하는 환자를 설득하려고 할 때 직접 하기보다는 영향력 있는 보호자나 병원장 등에게 자기주장을 편 뒤 그들이 환자를 설득하게 만드는 것이 효과적이다. 미국 의학 드라마 <하우스>에서 괴짜 의학 박사인 하우스는 매번 이런 방식으로 동료 의사들이 반대하는 치료법에 관한 자기주장을 관철한다. 부서 이동을 원하지만 직상급자가 놓아주지 않을 때도 그를 움직일 만한 제삼자에게 자신의 의사를 밝히는 것이 자기주장을 관철할 수 있는 방법이다.

30대 직장인은 자신이 느끼는 업무 환경 개선뿐 아니라 후배들의 요구 사항도 윗선에 전달해야 한다. 그래서 '쓰리쿠션 주장법' 을 사용하기가 매우 용이하다. 근무 환경 개선, 회의 시간 단축 등 상사가 귀담아 듣고 싶어 하지 않는 건의사항은 후배들의 의견을 취합해서 쓰리쿠션 주장법으로 주장하는 것이 현명하다. 이런 사항들을 당신의 의사라고 직접적으로 전달하면 대부분의 상사는 "당신이 신입도 아니고 회사 사정을 이해할 만한 직급이면서 언제까지 그런 철없는 주장을 할 거야?"라고 핀잔을 줄 것이다. 사원 복지, 연월차 확대, 휴일 근무 축소 등 사원이라면 누구나 원하지만 고위층은 받아들이기 싫어할 주제는 쓰리쿠션 방식으로 주장하는 것이 안전하다.

만약 어떤 일 때문에 상사와 문제가 발생해 화해하고 싶지만 상대방이 어떻게 받아들일지 몰라 망설여질 때도 쓰리쿠션 주장법은 효과적이다. 그 상사에게 당신의 말을 전달할 만한, 영향력 있는 사람을 찾아가 화해하고 싶다는 메시지를 전하는 것이다. 그렇게 해서 상사의 기분을 누그러뜨린 다음 직접 화해 메시지를 주장하는 것이 현명하다.

최영민씨(38세)는 결혼 10년 만에 수도권에 30평대 아파트를 장만해 이사했다. 아내와 아이들은 이사 전날 밤 잠도 이루지 못할 만큼 기뻐했다. 그런 가족들의 모습에 최영민씨도 뿌듯했다. 그런데 이사 온 다음 날부터 어디선가 신경에 거슬릴 만큼 지속적인 망치 소리가 들려와 기쁨에 찬물을 끼얹었다. 처음에는 누가 새로 이사를 왔나 생각했는데 망치 소리는 일주일이 넘도록 자정이 넘은 시간에도 끊이지 않아 잠을 설칠 지경이었다.

하루 종일 신경을 곤두세워야 하는 IT 기술자인 최영민씨는 신경이 무척 예민해져 불면증까지 생길 지경이다. 그의 아내가 경비 아저씨를 동원해 소리의 진원지를 알아보니 바로 대각선 윗집에 사는 조각가가 늦은 밤에 일하면서 내는 소리라는 것이 밝혀졌다. 그런데 지금까지는 누구도 불평하지 않고 지냈다고 한다. 최영민씨는 그 소리가 너무나 신경에 거슬려 자정 이후에는 작업을 삼가 달라고 부탁했다. 그러나 그 조각가는 들은 척도 하지 않고 변함없이 그 소리를 냈다. 집 장만으로 뿌듯하던 마음은 사라지고 집에 들어가기가 겁이 날 정도가 됐다. 특히나 피곤한 날에는 더 신경이 예민해져 그 소리가 더욱 귀에 거슬렸다. 그는 벌써 여러 번 윗집 남자를 만나 "늦은 밤에는 소리를 내지 말아 달라"고 주장했고 아내도 음료수까지 사 들고 가 "우리 남편이 예민하니 좀 조심해 달라"고 부탁했지만 개선이 되지 않아 집을 팔아야 하나 고민하고 있다.

싱글 여성 직장인 박이경씨(34세)는 직장 상사의 은근한 성차별 때문에 신경이 곤두선다. 그 상사는 매우 가부장적이며 걸핏하면 "나이든 여자들은 이래서 안 되고 저래서 안 된다"고 말한다. 어떤 때는 마치 그녀에게 들으라는 듯 큰소리로 그런 말을 하고는 그녀의 눈치를 살핀다. 그녀로서는 나이에 비해 직급이 낮은데다 쥐꼬리만한 봉급에 매달려 연애할 시간조차 없이 살아 이러다가 결혼도 못해 보고 죽는 게 아닌가 싶어 괴로운 참에 그런 스트레스까지 받으니 여간 울적한 것이 아니다. 생각 같아서는 "당신이 나 나이 드는 데 보태준 것 있냐?" "내가 나이 많아서 당신이 무슨 손해를 보았느냐? 신참보다 일을 능숙하게 하는데도 못마땅하냐?" 라고 따지고 다른 사람과 차별하지 말라고 주장하고 싶지만 그랬다가 괜히 불이익을 당할지도 몰라 말도 꺼내지 못하고 있다.

　박이경씨의 회사는 100대 상장 기업의 말석쯤 되는 나름 대기업이다. 게다가 최근에는 똑똑한 여자 후배들이 늘고 있으며 그들 대부분은 상사에게도 당당하게 "저는 오늘 야근 못해요. 남자친구 만나기로 했어요"라고 떳떳하게 자기주장을 편다. 그녀는 자신도 후배들처럼 자기주장을 당당히 해야 하는지, 지금처럼 스트레스 받으며 참아야 하는지 헷갈릴 때가 많다.

　앞의 최영민씨, 새집을 장만한 기쁜 마음이 이웃이 내는 예기치 않은 소음으로 인해 고통으로 변한 듯하다. 이런 경우 소음을 내는 당사자에게 직접 찾아가서 자기주장을 펴고 갈등을 빚을 필요가 없다. 이 문제는 당연히 아파트 관리사무소 책임이기 때문에 경비실에 시정을 요구해야 한다. 경비실에서 제대로 해결하지 못하면 관리사무소장 등 책임자에게 해결을 요구하는 '쓰리쿠션 주장법'을 사용하는 것이 좋다. 만약 관리사무소장도 이 문제를 해결하지 못하면 주민 자치회 등에 회부해 자치적으로 "어느 수준 이상의 소음을 내면 안 된다"는 규정을 만들게 하든지 주민 자치회 임원들이 단체로 소음 내는 집에 찾아가 항의하도록 해야 주장이 관철될 것이다. 직접 당사자를 찾아가 해결하려다가 오히려 일을 망치는 경우가 많다. 시시비비가 커져 감정적 소모가 커지거나 폭력까지 휘두르다 망신을 당하는 경우도 있고, 오히려 더 큰 갈등을 유발하기도 한다. 따라서 이런 경우 누가 의견을 개진했는지 알지 못하도록 제삼자인 관리사무소 등을 통해 '쓰리쿠션 주장법'을 사용하는 것이 안전하다.

30대 학부모의 경우 자녀가 아직 초등학교 저학년이라면 교사가 차별, 편애 등으로 자녀에게 상처를 줄 때도 직접 교사에게 항변하기를 어려워 할 수 있다. 이런 경우에도 교사를 직접 만나서 주장하기보다는 교사 몰래 교장을 만나 문제를 해결해 달라고 주장하거나, 그것이 통하지 않으면 교육청 등 그 교사의 인사 문제와 직접 관련이 있는 곳을 통해 쓰리쿠션 주장법으로 자기주장을 펴는 것이 낫다. 물론 시시콜콜한 일까지 쓰리쿠션 주장법을 사용하면 작은 오해를 부풀려 일파만파의 파장을 일으킬 수 있으니, 처음에는 당사자와 대화를 시도해 보고 도저히 통할 것 같지 않을 때 사용해야 한다.

박이경씨의 경우 가부장적인 상사 때문에 머리가 아플 만도 하다. 그러나 이미 그의 사고는 가부장적으로 굳어져 있기 때문에 그에게 직접 항의하거나 주장해도 받아들여질 가능성이 희박하다. 이 경우 그보다 직급이 높은 상사에게 "상사가 내 나이를 들먹이며 모욕 주는 것이 싫다"는 쓰리쿠션 주장법을 사용해야 효과를 볼 수 있다.

'사회적 알러지'를 피하는 주장법

미혼인 30대도 많지만 커플 간 가장 갈등이 많은 시기가 30대일 것이다. 연애만 오래하고 결혼은 미루는 커플, 결혼했지만 무섭게 싸우며 갈등하는 커플, 결혼생활이 시들해져 권태기를 느끼며 이혼도 고민하고 있는 커플들로 분포되어 있다. 30대는 커플간의 싸움이 가장 치열한 시기일 것이다. 자기주장이 강해 미묘한 갈등이 많고 그 갈등을 다스리지 못해 파국으로 가는 경우도 많다. 이를 반증하듯 통계청 자료를 보면 결혼생활 10년 미만의 이혼률이 무려 54.4%로 집계되었다(2001년). 통계를 맹신할 필요는 없지만, 결혼 10년 미만에 속하는 30대 이전의 이혼율이 가장 높은 것은 사실임에 틀림없다. 이유는 아직은 자아가 강한데다 배우자에게 자기 생각을 주장하는 방법도 서툴기 때문일 것이다. 결혼 전에는 터프해서 멋있던 남자가 '양말 하나를 벗어도 또르르 말아 소파 밑에 밀어 넣는 야만적인 남자'로 변하고, 결혼 전에는 솔직해서 귀엽던 여자가 아이 하나 낳더니 '제대로 꾸미지도 않고 말도 함부로 하는 무식한 여자'로 변하기 때문이다.

남자는 아내가 아무리 여러 가지 방법으로 "제발 벗은 옷이랑 양말은 잘 펴서 세탁 바구니에 담아 줘"라고 주장해도 받아들이지 않는다. 맞벌이의 경우 이런 문제는 더욱 민감해져, 자기 생각을 명확하게 표현하지 않고 엉뚱하게 "내가 당신 종이야?" "당신은 손 없어? 왜 만날 나만 당신 뒤 따라다니면서 고린내 나는 양말 주워다 펴야 하는데?" 하며 원색적으로 화내는 것으로 자기주장을 대신한다. 남자는 그보다 한술 더 떠서 무지막지하게 변한 아내 대신 신선한 느낌을 주는 새 여자를 만나 아예 바람을 피우거나 고객 접대를 핑계 삼아 룸살롱을 전전하며 직업여성에게서 여성의 향기를 찾기도 한다.

뇌 신경학자인 대니얼 골먼 Daniel Goleman은 가까운 관계에서 점차 생리적으로 싫어지는 현상을 '사회적 알러지'라고 언급한다. 사회적 알러지는 신체가 알러지성 물질을 자주 접촉하면 두드러기, 기침 등의 반응을 일으켜 접근하기 싫어지는 것처럼, 한 개인이 성장 과정에서 인정되지 않던 상대방의 어떤 태도 신념, 말투 등이 배우자 또는 직장 동료가 되어 접촉 빈도가 높아지면 신체 알러지와 같은 반응을 일으킨다는 것이다. 자라 온 환경과 문화, 성姓이 다른 사람 간에는 크고 작은 사회적 알러지가 존재하며 그것이 두드러질수록 서로의 주장이 무시당하고 갈등이 커져 관계가 악화된다는 것이다. 따라서 적당히 결혼생활이 진행되어 알러지 증상이 드러나는 30대의 기혼 남녀는 상대방이 가진 '사회적 알러지'를 피해서 주장하는 지혜를 발휘할 필요가 있다.

홍보회사 과장 임아름씨(35세)는 최근 회사를 옮긴 후 부부 싸움이 잦아졌다. 직급을 올려 스카우트 된 이 회사는 야간 회식이 많은데 남편은 그것을 이해하지 못하기 때문이다. 거래처 사람들과 회식하면 자정을 넘기기 쉬운데 남편은 늦어도 자정 전에는 들어오라고 주장한다. 전업주부인 시어머니는 아버지 내조에 열심이어서 주변의 칭찬이 자자했는데, 남편은 그런 어머니와 아내를 비교하며 턱없이 우기는 것이다. 술이 약하고 매사에 빈틈없는 남편은 어떤 회식에서건 자정 전에는 자리를 털고 일어나는 타입인 반면, 임아름씨는 끝까지 회식 자리를 지켜야 한다고 믿는 타입이다. 두 사람의 주장은 한치의 양보도 없어 그녀가 회식에 참석한 다음 날은 연례행사처럼 부부싸움이 일어난다. 임아름씨는 궁여지책으로 남편에게 "당신도 늦게까지 회식해. 그리고 날더러 늦게 온다고 화내지 마"라고 주장했다.

남편은 웬만한 일에는 화를 안 내지만 아내의 귀가에 대해서만은 매우 민감하다. 그녀가 늦게 귀가할 때마다 남편은 "내가 무슨 어려운 것을 요구하는 것도 아닌데 왜 내 말을 듣지 않느냐?"며 몹시 화를 낸다. 그러나 프로 정신이 투철한 그녀는 회식자리에서 일찍 일어나 불이익을 당하고 싶지 않다. 게다가 시부모를 모시고 살기 때문에 회식 때라도 스트레스를 풀고 싶어 회식자리에서 일찍 일어서고 싶지도 않다. 그래서 남편의 주장을 받아들이지 못해 부부 싸움을 감수한다. 그러나 직급이 올라가자 싸움이 잦아져 부부 관계가 점점 악화되고 있어 마음이 불안하다.

결혼 10년 차인 명호기씨(37세)는 종교 문제로 처가와 심한 갈등을 겪고 있다. 결혼 초부터 본가는 불교, 처가는 독실한 기독교여서 처가 쪽에서 종교가 다르다는 이유로 결혼을 극구 반대했다. 그러나 그가 대수롭지 않게 생각하고 "결혼하면 교회에 다니겠다"고 약속해 승낙을 받았다. 그런데 억지로 다니는 교회에서 여러 가지 일로 실망해 교회 가기가 죽기보다 싫어졌다. 그래서 이런 저런 핑계를 대며 교회를 가지 않으려 했고 그럴 때마다 아내와 처가 식구들은 "마귀가 들렸다"며 그를 죄인 취급했다. 아내가 결혼 전의 약속을 내세워 강압적으로 나오면 할 수 없이 끌려가기는 하지만 소가 도살장에 잡혀가는 것 같은 심정이다. 그러나 아내는 교회 가기 싫으면 이혼하자며 강경하게 나온다. 그는 여덟 살 난 딸 때문에라도 이혼은 안 된다고 생각한다.

그의 고민을 이해하는 친가 부모님은 절도 그만 다니시고, 종교 문제로 너무 고통 받지 말라고 말씀하시지만 처가에서는 한 치도 양보하지 않는다. 어머니는 "요즘은 남자가 참는 시대"라며 그러려니 하고 교회를 다녀 보라고 충고하지만 마음이 내키지 않는다. 지금 심정으로는 이런 상황이 계속된다면 딸이 사춘기만 넘기면 곧 이혼할 생각이다. 무엇보다도 가장인 자신의 "교회 가기 싫다"는 주장이 아내에게 전혀 받아들여지지 않는 데 따른 분노와 심리적 갈등이 매우 크다.

임아름씨는 남편의 회식에서의 자정 전 귀가 주장을 받아들이지 못해 번번이 부부 싸움을 하며 고통 받고 있다. 남편에게는 자정 이후의 귀가가 '사회적 알러지'이기 때문에 그것을 건드리고는 어떤 주장도 관철하기 힘들다. 그 알러지를 피해 "자정이 넘어도 회식 자리는 끝까지 지키겠다"는 자신의 주장을 관철하려면 일단은 남편의 '사회적 알러지'를 건드리지 않는 것이 좋다.

실천이 힘들어도 몇 번은 자정 전에 귀가하는 모습을 보여 주면서, 오늘 일찍 자리를 떠서 프로젝트 하나가 날아갔다는 둥 엄살을 부려 둔다. 남편 머리에 세뇌가 될 만큼 매일 반복해서 말해 둔다. 그렇게 해서 남편의 사회적 알러지인 '자정 전 귀가'에 대한 증세를 완화시킨다. 그러면 회식이 있기 며칠 전부터 "정말 이번 한 번만 봐줘. 이번 회식은 내가 미리 자리를 뜰 수 없는 자리야" 라고 말하면 어느 정도 동의를 얻을 수 있다. 그렇게 해서 점점 자정 이후에 귀가하는 빈도수를 높이면 그 알러지는 치료가 된다. 남편의 알러지에 내성이 생겨 점차 그 문제에 대한 민감성이 차츰 약해질 수 있는 것이다.

반면 명호기씨처럼 부부가 서로 다른 종교를 가졌을 경우 그 '사회적 알러지' 증세는 거의 치유가 불가능한 중증에 속한다. 따라서 명호기씨처럼 임시방편으로 "결혼 후 교회 다니겠다"고 약속하면 알러지 발발로 커다란 고통을 겪게 된다. 종교적 신념은 전쟁도 불사하는 가장 강하고 굳건한 것이다. 이스라엘과 아랍의 1백 년을 넘긴 전쟁 역시 종교적 신념 차이에서 온 것이다.

따라서 명호기씨의 경우 "교회 가기 싫다"는 자기주장을 펴기가 대단히 어려운 상황이다. 이런 경우 전략이 치밀해야 문제를 해결할 수 있다. 명호기씨는 어머니가 절에 다니는 것을 그만두신 행동을 자기주장 강화에 사용해야 한다. 아내에게 "우리 어머니도 그렇게 열심히 다니시던 절에 그만 다니신다고 한다. 그러니 당신도 나에게 너무 교회 가자고 강요하지 말고 기다려 달라. 마음이 우러나도록 노력해 보겠다"라고 주장해 보라. 그래도 통하지 않으면 더욱 강한 충격을 주어야 한다. 대체로 여자들은 입으로만 "이혼하겠다"고 협박할 뿐 진짜로 이혼하려는 경우는 드물다. 따라서 아내가 그러려면 이혼하겠다"라고 말할 때 목소리를 낮추고 냉정하게 "그 말에 책임질 수 있지?"라고 말해야 한다. 딸에 대해서도 아내보다 더 많이 걱정하는 티를 내지 않는 것이 좋다. 남편이 냉정하게 행동하면 아내는 오히려 양육 문제를 더 심각하게 여길 것이다. 명호기씨는 이러한 여자의 심리를 바탕으로 아내의 '사회적 알려지'를 서서히 잠재우며 자기주장을 펴야 아내의 강경한 주장(교회를 꼭 가야 한다)을 누그러뜨리고 자기주장(교회 가는 걸 강요하지 말라)을 내세울 수 있다.

'마음의 시력' 주장법

30대에게 자녀 교육은 가장 큰 짐일 수 있다. 이제 막 태어난 아기부터 한창 장난이 심한 영·유아, 인지가 가장 왕성하게 발달하는 초등학교 저학년 자녀가 있을 것이다 이 시기의 자녀에게는 부모가 가르치기 딱 좋은 순간을 찾아내 자신의 주장을 자녀에게 어떻게 전달하는가에 따라 자녀의 인생이 달라진다. 30대 부모가 자녀에게 하는 주장의 품질과 적절한 타이밍 등은 자녀의 자신의 존재에 대한 자각, 이웃과의 관계, 사물을 보는 눈을 결정해 준다. 그리고 이것은 성장 후의 진로에까지 큰 영향을 미친다.

그러나 지금 우리나라의 30대는 맞벌이가 많고 자녀교육에 대한 사전 지식을 공부하지 않은 상태에서 부모가 된 사람들이 많다. 아마 부모들이 "집안 일 같은 것에 신경 쓰지 말고 공부나 열심히 하라"며 키운 세대가 지금의 30대이기 때문일 것이다. 그렇기에 그 어떤 세대보다 부모 노릇을 배운 적이 없을 것이다.

그러나 자녀 교육이란 어떤 일보다 지식과 지혜가 필요한 일이다. 그 때문에 30대 부모는 자녀가 높은 데서 떨어지거나 뜨거운 것을 만지는 등의 위험에 노출되지 않게 하는 것만으로도 벅차 "하지 마라" "안 된다" 등의 주장으로 일관하는 경우가 많다. 부부간에도 서로 아기 돌보기를 미루느라 치열하게 다투는 광경을 많이 본다. 그러나 30대는 자녀에게 가장 많은 에너지를 쏟아 부어야 하는 시기이다. 자녀가 부모의 주장 즉 얌전히 놀아라, 위험한 것 만지지 마라, 책 좀 읽어라, 공공장소에서 뛰지 마라, 엄마에게 함부로 말대꾸하지 마라, 물건 함부로 다루지 마라 등의 요구를 제대로 받아들이게 하려고 화내기도 하고 어르기도 한다. 그런데 불행히도 부모 노릇을 배운 적 없는 30대의 경우, 부모 노릇에 서툴러 자녀에게 자기주장을 펴는 방법도 서툰 경우가 많다. 그래서 자녀에게 원색적으로 화를 내거나 정반대로 너무 잘해 주는 바람에 자녀에게 휘둘려 자녀를 제대로 제어하지 못하기도 한다. 따라서 30대는 자녀에게 자기주장을 관철시키는 방법을 체계적으로 배워야 한다.

대니얼 골먼은 "사람의 마음을 주시하며 그들의 감정을 느끼고 생각을 추측하는 능력"을 '마음의 시력'이라고 말한다. '마음의 시력'은 말로 표현하지 않은 상대방의 생각을 읽는 능력이다. 마음의 시력을 기르려면 자신과 남을 구별할 줄 알아야 하며, 다른 사람이 자신과 다르게 생각할 수 있다는 사실을 이해해야 한다. 하나의 상황이 벌어지면 다른 관점에서 보고, 상대방이 원하는 것이 내가 원하는 것과 일치되지 않을 수 있음을 인정해야 한다. 즉, 부모가 자기가 자식에게 하는 주장은 자식이라면 반드시 고스란히 받아들여야 한다는 사실을 인정해야만 주장 관철이 쉽다. 따라서 자녀 교육에 많은 것을 쏟아 부어야 하는 30대 부모들은 '마음의 시력'을 길러 자녀에게 주장을 관철하도록 해야 한다.

전업 주부인 서혜미씨(38세)는 초등학교 5학년인 아들이 심한 사춘기 증세를 보이고 있어 매일 전쟁을 치르고 있다. 불과 몇 달 전까지만 해도 착하기만 하던 아들이 갑자기 사사건건 속을 뒤집어 놓아 우울증까지 생겼다. 최근에는 무엇을 물어봐도 대답도 제대로 하지 않고 훈계를 하려고 하면 막말을 하며 대들기까지 한다. 숙제도 거의 하지 않고 학원도 빼먹거나 지각하기 일쑤다. 처음에는 다정한 말로 다독여 보기도 했고 소리도 지르고 매도 때려 봤지만 아무것도 통하지 않는다. 오히려 이제는 힘으로 매까지 뺏으며 대드니 어찌할 바를 모르겠다. 남편에게 호되게 야단 좀 치라고 말해 버릇을 고쳐 주고 싶지만 남편 성격이 워낙 다혈질이라 아들을 마구 때리지는 않을까 무서워서 말도 못 꺼내고 있다.

 초등학교 2학년 때까지만 해도 충분히 아들을 제어할 수 있었는데 나이가 들면서 서서히 대들더니 5학년이 되자 극에 달한 듯하다. 지금은 무조건 자기가 잘못하지 않았다며 억지를 부리고 우기기만 한다. 타협도 거부하고 행동도 어찌나 느리고 굼뜬지 지켜보노라면 속이 뒤집어질 때가 한두 번이 아니다. 이제 초등학생인데도 이러니 더 나이가 들면 어떻게 다뤄야 하나 막막하기만 하다.

 직장인 황수철씨(33세)는 3년 전 결혼하고 16개월 된 아들이 하나 있다. 맞벌이 부부라 아들 양육을 함께 하고 있는데, 아들의 활동량이 많아지면서 회사 일로 지쳐 집에 돌아와 TV를 보다가 졸기라도 하면 갑자기 달려들어 얼굴을 무는 바람에 짜증이 날 때가 많다. "얘가 무슨 짓이야!" 하며 아무리 화를 내도 소용이 없다. 아내는 퇴근 후 아들에게 동화책도 읽어 주고 노래도 불러 주라고 하지만 회사 일에 지친 황수철씨에게는 쉽지 않은 일이다. 아이에게 자립심을 길러 주려면 혼자 놀 줄도 알아야 한다고 생각한다. 그래서 아내가 설거지하는 동안 아이에게 장난감을 안겨 주고는 TV를 시청하며 하루의 피로를 잊는다.

 그러나 아내는 그런 그를 사소한 일에도 애에게 신경질 내고 혼자서 TV만 보는 이기주의자라고 몰아붙인다. 아내의 그런 주장에 큰 이의는 없다. 아들 녀석이 한 번 떼를 쓰면 그치지도 않고 아빠를 물고 때려서 화날 때가 많은 것은 사실이다. 아무리 야단을 쳐도 아랑곳하지 않고 아빠를 괴롭히면 아이를 윽박지르게 된다. 그러면 아내는 어린 아기에게 마치 성인에게 화내듯 한다며 나무란다. 도대체 어린 아들에게 어떻게 자기주장(피곤한 아빠 좀 놔둬 주라)을 펴야 좋은지 걱정이다.

앞의 서혜미씨는 아들의 사춘기 증세로 우울증에 걸릴 만큼 큰 고통을 겪고 있다. 대체로 수평적인 관계가 아닌 수직적인 관계에서, 힘이 센 쪽의 주장은 존재 자체만의 무게감으로도 협박이 될 수 있다. 즉 자식에게 부모는 부모라는 그 이유만으로도 무게감이 느껴진다. 직장 상사 특히 회장이나 임원 등은 직함 자체만으로도 무게감을 느끼게 하기 때문에 그들이 사소한 주장을 해도 아랫사람은 커다란 부담을 느낀다.

이런 관계에서 가장 좋은 주장법은 '마음의 시력' 주장법이다. 즉 상대편은 나와 다르다, 상대편은 나의 주장을 두려워하거나 받아들이기 곤란한 입장일 수 있다는 생각을 전제로 해야만 주장이 협박으로 변질되는 것을 막을 수 있다. 따라서 서혜미씨는 아들이 부모 말을 잘 안 듣고 부모의 주장을 거부하는 현상만 보고 분노할 것이 아니라 사춘기 남자 아이들의 마음을 들여다보는 시력을 키워 거기에 맞추어 주장해야 한다.

사춘기 아이들은 세상 누구의 간섭도 받기 싫어한다. 따라서 엄마의 주장은 간섭으로만 들릴 뿐이다. 또한 사춘기 남자 아이들은 심리적으로는 자신이 어른 같다고 생각하지만 현실적으로는 부모에게 완전히 의존해야 하는 현실을 인지한다. 그런 자신의 처지에서 감정의 불안을 느끼고 그런 불만을 가장 가까이 있는 부모에게 표출하기가 쉽다. 사춘기 남자 아이들은 부모를 경쟁 상대로 보기도 한다. '나도 부모보다 잘하는 것이 있다'고 말할 수 있어야 안심이 된다. 그래서 자기가 부모보다 나은 것이 없으면 질투하며 부모에게 트집을 잡는다. 따라서 서혜미씨처럼 사춘기 아들에게 자기주장을 잘 펴지 못하는 부모는 이런 사춘기 아들의 마음을 꿰뚫고 그 마음이 수용할 수 있는 범위 안에서 주장해야 자녀의 사춘기를 함께 잘 넘길 수 있다.

황수철씨의 경우, 16개월 된 아들의 마음을 읽는 시력이 있었다면 아들이 아빠를 할퀴고 물어뜯는 이유가 아빠에 대한 불만의 표시임을 금세 알 수 있을 것이다. 그렇다면 혼내는 것은 소용이 없고 아이의 불만을 풀어 주는 것이 해결 방법이라는 사실도 쉽게 알 수 있을 것이다. 그러나 '마음의 시력' 없이 지금처럼 계속 아이를 윽박지르며 아빠로서 자기주장을 관철하려고 하면 자녀에게는 부정적인 아버지의 이미지만 심어 주게 된다. 결국 아버지의 주장은 아이에게 전달되지 않고 무시당할 수밖에 없다.

힘의 균형이 맞지 않는 관계에서 '마음을 읽는 시력' 없이 자기주장만 하면 약자도 생존 본능에 따라 이를 거부하려는 여러 방법을 찾아내게 된다. 그래서 주장이 전달되지도 않고 갈등만 커진다. 이런 경우에는 마음의 시력을 길러 그 관점으로 자기주장을 펴야 주장 관철이 쉬워진다.

'우리' 주장법

　　　　　　사람들도 인종이 다르거나 사고방식이 다르면 동물들이 다른 종種에게 느끼는 적개심을 가질 수 있다고 한다. 인종이 서로 다른 국가 간의 빈번한 전쟁, 다인종 국가인 미국 내 인종 간의 잔혹한 폭행, 국내 외국인 근로자에게 가해지는 잔인한 폭력, 우리나라 해외 교포들이 현지에서 겪는 정신적·신체적 가해 등이 그 증거다.

　　다른 인종 간 뿐만 아니라 접촉 빈도가 낮은 낯선 사람에게도 적대감을 가질 수 있다. 밤길에서 만난 낯선 사람의 존재에 머리칼이 쭈뼛 서는 경험, 세계 어디나 존재하는 텃세, 낯선 사람간의 빈번한 시비 등은 그러한 적대감에서 발생한 사건들이다. 방문 판매자들이 문전 박대를 당하는 것도 낯선 사람에게 갖는 적대감이 원인인 경우가 많다. 방문 판매자가 아무리 정당한 주장을 펴도 낯설기 때문에 호의를 베풀기 어려운 것이다. 적어도 고향이 같거나 같은 또래의 자녀가 있거나 등의 사소한 공통점이라도 있어야 '그것들'에서 '우리들'로 관계를 전환시켜 자기주장(내가 파는 물건이 당신에게 꼭 필요하다)을 관철할 가능성이 열린다. 좁은 골목길에서 얽힌 승용차들이 접촉사고라도 나면 운전자들은 순리적으로 문제를 풀 생각을 하기 이전에 자동차 문을 열고 나가 서로 멱살을 잡거나 욕을 하는 방식으로 자기주장 (네가 먼저 비켜라)을 펴는 것 역시 낯선 이인 '그것들'에게 갖는 적대감에서 발생한다.

이처럼 친분 관계는 주장이 받아들여질 가능성과 함수관계를 이룬다. 각종 게이트 사건, 검은 커넥션 등이 끊이지 않는 이유는, 친분을 쌓으면 안 되는 일도 되게 해달라고 주장할 수 있고 불가능한 일도 가능하게 해달라고 주장할 수 있기 때문이다. 대개 이런 사건의 주인공들은 "내가 이 일을 하고 싶으니 법을 바꾸어 달라" 혹은 "적당한 선에서 허가해 달라"는 주장을 관철하려면 미리 관계자와 친분을 쌓는 것이 중요하다는 사실을 터득하고 있다.

발터 카우프만 Walter Kaufmann이 처음 사용한 '우리-그것들'이라는 용어는 주장과 친분의 함수 관계를 수학적으로 보여준다. 사람 사이에 친분이 생기면 '우리'가 되며, '우리'는 웬만한 사정은 다 봐주고 들어줄 만큼 적대감이 없어진다. 그러나 친분이 거의 없는, 나와 별 관련 없는 인간의 무리들인 '그것들'에게는 조금도 인정도 베풀 수 없을 뿐

더러 경계감과 적대감부터 갖게 된다. 카우프만은 "'그것들'의 관계가 '우리'로 편입되면 '우리'가 하는 일은 늘 정의롭고 지혜로우며 고결하다. 그러나 우리 이외의 '그것들'은 사악하고 멍청하며 위선으로 가득 찬 존재로 보인다"고 주장한다. 그래서 똑같은 일을 해도 '우리'에 속하는 사람은 용서가 되고 '그것들'에 속하는 사람에게는 분노가 생기는 것이다.

이러한 인간의 속성 때문에 크고 굵직한 계약 등에는 반드시 로비스트가 필요하다. 우리나라의 경우 무기 거래 로비스트였던 린다 김이 여러 정치인들과 검은 커넥션을 맺었다는 사실이 세상에 널리 알려지면서 '로비스트'가 부정적으로 인식되었지만, 우리나라 초대 미스코리아 출신 강귀희씨는 프랑스로 건너가 식당을 열어 프랑스 고위층과 교분을 맺은 후 한국 고속철도 사업에 프랑스 알스톰 사의 로비스트가 되어 10여 년 노력한 끝에 1994년 테제베를 한국에 유치하는 일을 성사시키기도 했다. 최근에는 론스타가 외환은행을 사고파는 과정에서 어마어마한 이익을 챙기자 우리나라에서도 로비스트를 합법화 하자는 운동이 일고 있다. 로비스트는 '우리'와 '그것들'의 관계를 바꾸어 원하는 주장을 관철하게 해주는 역할을 한다. 아직은 이기심보다 이타심이, 개인적 이익보다는 공동의 이익을 중요시하는 30대일지라도 자기주장이 관철되도록 하려면 먼저 '그것들'의 관계를 '우리' 관계로 전환시켜야 소기의 목적을 이룰 수 있다.

경리로 출발해 프로그래머가 된 전인철씨(34세)는 전직에 대한 편견 없이 잘 지냈는데 최근 한 거래처에서 전직을 밝힌 후 무시당하는 것 같아 화가 난다. 구매를 결정하는 갑 입장의 거래처 담당자는 공공연히 "인철씨 때문에 그 회사 제품 사는 게 망설여진다"고 농담 반 진담 반으로 은근히 비꼬았다.

전인철씨 기준으로 보면 거래처의 요구 사항이 지나치게 까다로웠다. 몇 번 수정을 하고도 잊어버릴 만하면 전화해서 이것 저것 바꿔 달라고 까다롭게 주문해 밤샘 작업도 여러 번 했다. 그러나 정작 담당자가 자신 때문에 제품 살 생각이 사라졌다고 말하자 머리에 피가 거꾸로 솟는 듯한 모멸감을 느꼈다. 어제는 점심 식사 전에 그런 전화를 받고 체하기까지 했다. 생각 같아서는 "나도 너희들에게는 팔기 싫다"고 말하고 싶지만 그럴 수도 없고 속으로만 '사든지 말든지 빨리 결론이나 내라'며 결말만 목 빠지게 기다리고 있다.

5년 전업주부 생활을 마감하고 취업한 지 일 년된 정다희씨(35세). 건설회사 사장 비서실 근무 일 년 차, 열심히 일해 사내에서는 인정을 받았다. 그런데 수금 관계 때문에 거래처 사장에게 전화한 후 스트레스를 받아 의기소침해졌다. 사장은 문제의 거래처가 일 년 전 공사 대금을 계속 미루자 비서인 그녀에게 거래처 사장에게 전화해 보라고 지

자기주장 기술

시했다. 그런데 전화를 받은 거래처 사장은 한 달 후 준공 끝나고 결재하겠다며 미룬다. 얼마 전에는 여직원이 전화도 바꿔 주지 않고 이 달에 준다고 했는데 다시 그런 식으로 말해 "여직원이 이 달에 결재한다고 했다"고 주장하자 밑도 끝도 없이 심한 욕을 하면서 "어디 감히 납품업체가 비서 시켜서 사장한테 직접 전화하느냐?"며 노발대발했다. 그녀는 너무 화가 나 할 말마저 잊었다. 사장에게 일일이 고해바칠 수도 없고, 이 상황을 모르는 사장은 다시 거래처 사장에게 수금 독촉을 하라고 할 것 같아 모든 의욕이 한 순간에 사라졌다.

앞의 전인철씨는 상대방을 잘 모르는 상황에서 까다로운 주문을 받고 있다면 전화로만 시비를 가리려 할 것이 아니라 직접 면담하고 '그것들'의 관계를 '우리' 관계로 만들어야 한다. 갑의 입장은 가장 까다롭게 물건을 골라야 하기 때문에 낯선 관계일 때는 잔인할 정도로 많은 것을 요구하게 되어 있다. 자신들이 해도 될 일을 일일이 다 떠맡길 수도 있다. 게다가 프로그래머가 그 분야 경험이 많은 사람이 아니라 전직이 경리였다는 것도 두 사람의 관계가 '그것들'에 머물고 있는 한 문제가 될 수 있다.

이런 경우 일단 상대방을 '우리' 관계로 만들기 위한 물밑 작업을 해야 한다. 반드시 술을 사고 향응을 베풀어야 한다는 것이 아니라 자주 만나 간단한 점심 식사라도 나누면 '그것들'의 관계일 때보다 훨씬 자기주장 펴기가 쉬워진다. 너무 허물없는 사이가 되어 버리면 상대방을 배려하기 위해 할 말도 제대로 못하는 폐단이 생길 수 있지만, 적당한 선에서 '우리'의 관계를 맺으면 주장 관철이 아주 쉬워진다.

정다희씨 역시 거래처 사장과는 '그것들'의 관계에 있기 때문에 사장 대신 전화하는 것이 더 어려울 수 있다. 이 경우 사장에게 거래처 사장이 한 말을 담담하지만 자세히 설명해 수금에 관한 전화를 사장이 직접 하게끔 하는 편이 낫다. 정다희씨가 거래처 사장과 '우리'의 관계를 맺기에는 많은 걸림돌이 있고 그 장애물들을 없애는 노력에 비해 얻을 것이 별로 없기 때문에 이 방법이 훨씬 나을 것이다.

4장
자기주장 시 꼭 해야 할 7가지

- 윈윈을 최종 목표로 하라
- 주장은 당당하게 하라
- 상대방이 감정을 분출하게 하라
- 주장은 강경하게, 태도는 부드럽게
- 상대방 입장 이면을 공략하라
- 짧고 명료하게 주장하라
- 주장과 비난을 명확히 구분하라

윈윈을 최종 목표로 하라

흔히 주장을 펴는 사람은 "내 주장은 옳고 상대방의 주장은 그르다"는 것을 증명해 상대방을 완전히 승복시키려는 오류를 범하기 쉽다. 주장하는 자신은 정답을 알고 있으며 상대방은 잘 모른다고 착각하기 쉽다. 그래서 계약할 때도 내가 제시한 가격은 정당하고 상대방은 나를 속이거나 부당한 방법으로 이득을 취하려고 할 거라고 예단해 무리수를 두는 경우가 많다.

그러나 주장이란 반드시 그것을 받아들여야 할 대상이 필요하며, 그는 나와 다른 사고를 가진 사람이다. 자기에게 불이익이 돌아오는 느낌만으로도 충분히 당신의 주장을 거부할 수 있는 것이다. 만약 힘의 균형 상 어쩔 수 없이 당신의 주장을 받아들여야 할 입장에 있더라도, 마음으로부터 당신의 주장을 받아들이지는 않을 것이다. 그럴 경우 마음이 닫혀 있기에 언젠가는 다른 일로 보복하려는 심리가 생기는 것이 인지상정이다. 반대로 상대방이 당신보다 더 영향력 있고 연줄도 탄탄하고 배경도 좋다면, 당신은 지레 주눅 들어 하고 싶은 주장의 범위를 축소하기 쉽다. 이런 상황이라면 자신의 주장이 관철된다 해도 마음 한 구석은 몹시 불편할 것이다.

따라서 자기주장을 펼 때는 반드시 '내가 상대방이라면 이 주장을 받아들일 것인가? 받아들인다면 무엇 때문일까?' 반대로 '내 주장이 너무 저자세는 아닌가? 그러한 주장이 받아들여져도 나는 괜찮을까?' 등을 자문해 보고 나와 상대방이 둘 다 만족할 수 있는 범위를 정해서 자기주장을 펴는 것이 현명하다. 주장하기 전에 자문해 보면 미세 조정(내가 야근해 줄테니 너는 이 보고서를 써 달라) 만으로도 충분히 윈윈(Win-Win) 결과를 가져올 수 있는 주장거리를 찾아낼 수 있을 것이다.

주장은 당당하게 하라

　　　　　　얼굴에 철판을 깔고 마구 우기면 "에이, 누가 무서워서 피하냐? 더러워서 피하지!" 하며 져 주기 쉽다. 한번 주장하기로 결심한 일은 철판 깔고 당당하게 주장해야 관철될 가능성이 높아진다. 미리부터 '상대방이 내 말을 우습게 여기지 않을까?' '이런 주장을 들어줄 리 없어'라고 예단하고 자기주장을 펴려면 차라리 입을 다무는 것이 낫다.

　사람의 감정은 전염되는 속성이 있다. 자신부터 '받아들여질 가능성이 낮다'고 생각하면 목소리에 힘이 빠지고 태도도 우물쭈물해지기 때문에, 상대방도 주장 자체를 우습게 여겨 끝까지 듣지도 않고 거절할 가능성이 높다. 따라서 한번 주장하기로 마음먹은 일은 그 주장이

"팥으로 메주를 쑨다"는 틀린 내용이라도 당당하게 하는 것이 좋다. 주장하는 사람이 너무 당당하게 말하면 상대방은 그 감정이 전이되어 자기도 모르게 '팥으로 메주 쑤는 동네도 있는 모양'이라는 심리를 갖게 된다.

인기리에 방송된 TV 드라마 〈황진이〉를 통해 부활한 황진이는, 조선의 음률과 예약 대신 명나라 것을 사용하게 하려는 명나라 사신에게 "조선은 조선의 예약을 사용해야 한다"는 주장을 펴기 위해 연희장에 현을 다 잘라 버린 거문고를 들고 나와 그를 은근히 나무라며 사신의 마음을 움직였다. 그는 황진이의 치마에 자신의 시를 써주며 정표로 삼으라고까지 하며 마음을 열었지만, 황진이는 치마폭을 갈기갈기 찢어 보는 이들을 경악하게 했다. 모욕을 느낀 명나라 사신이 분노하자 황진이는 그가 썼던 시를 외우며 "대인의 시는 이미 마음에 두었습니다. 하오니 정표는 필요 없지요. 정표 따위에 기대면 마음이 옅어지는 것이 인지상정이 아닐런지요"라고 주장해 받아들여지기 힘든 자신의 주장을 관철했다. 비록 드라마지만, 주장이 받아들여질 가능성이 희박한 상황에서도 이처럼 당당하게 주장하면 관철될 수 있음을 보여준다.

그러나 요즘 30대 남자들과 프로젝트를 진행해 보면 대체로 자기주장을 당당하게 펴지 못한다. 태도가 절도 있지 않고 말의 내용이 횡설수설하며 목소리도 작아 몇 번이나 다시 물어야 주장의 내용을 겨우 이해할 수 있다. 반면 30대 여자들과 일해 보면 너무 공격적으로만 흘러 주장을 받아들이기 겁날 때가 많다. 놀이공원 같은 데서도 아내는 핸드백만 들고, 남편은 애 업고 기저귀 가방과 먹을 것을 싼 보따리를 들고 땀을 뻘뻘 흘리며 걷는 커플을 많이 본다. 30대가 다 그런 것은 아니지만 대체로 어머니 중심의 양육 방식에서 여성성을 배운 남성들이 자기주장에 힘을 싣지 못하는 것은 아닌지, 어머니에게서 "너는 나처럼 살지 말라"고 교육 받은 여성들의 공격성이 너무 커진 것은 아닌지 걱정될 때가 있다. 이제부터라도 자기주장을 펼 때는 공격하지 않고도 당당하게 말하는 방법을 찾아내야 한다.

⁙ 상대방이 감정을 분출하게 하라 ⁙

사람은 불만을 말하면서 분노, 절망, 반격, 공격성 등을 완화시키는 속성을 가지고 있다. 따라서 상대방이 싫어할 만한 주장을 펴려면 먼저 상대방이 당신을 실컷 공격하도록 해주는 것이 좋다.

따라서 상대방이 나의 주장을 신랄하게 비판한다고 해서 자리를 박차고 나오거나 실망하지 말고 실컷 공격하게 놔두는 것이 좋다. 상대가 공격하는 동안에는 맞서지 말고 조용히 들으면서 그가 가슴에 담긴 모든 감정의 앙금을 씻어낼 때까지 기다리는 것이 좋다. 그런 다음 자기주장을 하면 상대편은 일단 가슴에 담긴 응어리가 풀려 미안한 마음이 생긴다. 자기감정의 배설물을 다 들여다본 상대방에게 뭔가 해주어야 할 것 같은 미안한 마음이 생기는 것이다.

　자식에게 "공부하라"고 해도 들은 척도 하지 않고 툴툴거릴 때, 남편에게 집안 청소 좀 하라고 주장해도 하기는커녕 화만 낼 때, 상사가 지시를 잘못 하고서는 오히려 당신에게 제대로 일하지 않았다며 화낼 때 곧바로 상대방에게 맞서지 말고 실컷 감정을 분출하게 놔둔 다음 자기주장을 펴면 대부분 관철할 수 있을 것이다.

주장은 강경하게,
태도는 부드럽게

　　　　　　　　자신의 요구사항을 관철해야 하거나 협상에서 유리한 입지를 만들어야 할 때, 강경하게 자기주장을 하는 것이 좋다. 그러나 인신공격성 발언은 절대 금물이다. 인신공격을 당하면 상대는 흥분부터 하게 된다. 그러면 들어줄 수 있는 주장도 무조건 거부하게 된다. 일례로 당신이 건설회사 현장 감독인데 회사가 원가 절감을 이유로 근로자들의 안전을 지켜 주지 않아 이 문제를 막아야 할 입장이라면 "그러다 인명 사고가 나면 더 큰 손해를 입을 것입니다. 그 책임은 누가 질 것입니까?"라고 강경하게 말하라. 그러나 "돈, 돈 거리지 마세요. 돈보다 사람이 더 중요합니다." "다른 회사는 안 그러는데 왜 우리만 이럽니까? 그러니까 우리가 뒤지는 것 아닙니까?" 식으로 인신공격을 하거나 회사를 깎아내리는 발언으로 주장하면 절대 받아들여지지 않는다.

    주장을 받아들여야 할 사람도 자신이 무엇을 잘하고 잘못하는지는 알고 있는 경우가 많다. 따라서 그러한 잘못을 느끼도록 강경하게 말하면 슬그머니 꼬리를 내린다. 그러나 인격을 모독당하거나 인신공격을 당하면 감정을 다치고 공격성이 살아나, 정당한 주장도 기어이 막으려는 오기가 발동한다. 주장은 당당하고 강경하게 하되 인신공격이나 지나친 공격성을 드러내는 태도는 보이지 말아야 한다.

상대방 입장 이면을 공략하라

사람은 자기가 보고 싶은 것만 보려는 경향이 강하다. 그러나 이러한 속성으로 인해 많은 것을 놓치게 되는 단점도 있다. 자신에게 익숙한 의제가 아니면 주장 자체에 대한 결함부터 찾게 되기 쉽다. 따라서 주장을 관철하기 어려우면 "왜 그렇게 말귀를 못 알아듣느냐?"고 불평하기보다는 상대방 입장의 이면을 들여다보려고 노력하는 것이 좋다. 사장과 직원의 입장이 다르고, 세입자와 집주인의 입장이 다르며, 채무자와 채권자의 입장이 다르다. 그렇기 때문에 같은 주장도 다르게 해석할 수 있다. 그렇기 때문에 상대방 입장의 이면을 들여다보면 상대방이 어떤 식의 주장을 잘 받아들일지 알 수 있다.

하버드 대학의 협상학자 로저 피셔Roger Fisher는 "사람들은 대체로 나쁜 방향으로 해석하는 경향이 있는데, 그 의심이 더 안전한 길이라고 여기기 때문"이라고 말한다. 전세 계약을 갱신하거나, 거래처와 가격 조정을 해야 하거나, 아내에게 차를 바꾸자고 하거나, 남편에게 이사를 하자고 하거나, 새로운 고객에게 물건이나 서비스를 팔거나 간에, 내 생각만 먼저 불쑥 말하지 말고 상대방 입장 이면에 어떤 의도가 있는지 파악해서 그 이면을 공략하는 것이 현명하다.

짧고 명료하게 주장하라

상사나 까다로운 고객도 실제로는 어려운 말, 유식한 말로 주장하면 잘 알아듣지 못하는 경우가 많다. 사람은 자기 분야가 아니면 어려운 용어를 제대로 이해하지 못한다. 말이란 공기 중으로 흩어지면 사라지는 연기 같아서 길고 복잡하면 의미를 되새기기 힘들다. 그렇기 때문에 복잡한 주장도 쉽고 분명하게 목적이 드러나도록 하는 것이 좋다. 상대방이 열심히 듣고 나서도 "그러니까 뭐라고 한 거야?"라고 물으면 아무리 훌륭한 주장도 무용지물이 된다.

영국 수상이었던 윈스턴 처칠이 했던, 2차 대전 중의 옥스퍼드 대학 졸업식 연설을 통해, 우리는 짧고 단호한 주장이 얼마나 힘 있는지 알 수 있다. 처칠은 천천히 강단으로 올라가 말없이 한참동안 청중(졸업생들)만 바라보았다. 청중이 자신의 입 열리기를 간절히 기다리도록 두었다가 아주 작은 목소리로 "You, never give up(절대 포기하지 말아라)!"는 한 마디를 던졌다. 다시 뜸을 들이며 기다렸다가 조금 더 큰 목소리로 "You, Never Give Up!"이라고 말했다. 그리고는 다시 입을 다물고 기다렸다가 아주 큰 목소리로 "YOU! NEVER GIVE UP!"이라고 외치고는 연단을 내려왔다. 영국의 미래를 짊어지고 갈 옥스퍼드 대학 졸업생들에게 "결코 인생을 포기하지 말라!"는 주장을 이처럼 간단명료하게 한 것이다. 그의 주장은 청중들을 감동시켰고 연예인 못지않게 인기 있는 수상으로 만들었다. 처칠은 훗날 그 학생들을 2차 대전에 참전시켜 독일과의 전쟁을 승리로 이끌고 세계적인 영웅이 되었다.

처칠처럼 청중 앞에서 자기주장을 할 때뿐 아니라 소그룹 앞에서 주장하거나 일대일의 관계에서 주장할 때도 복잡한 주장일수록 더욱 짧고 명료하게 말해야 주장이 관철될 가능성이 높아진다. 주장을 짧고 쉽게 하려면 관련정보를 최대한 수집, 소화해서 어떤 질문이 나오더라도 대응할 수 있어야 한다.

데이터를 많이 가지고 있어도 주장할 때는 상대방이 가장 알고 싶어 하는 것만 말하고 질문으로 처리하는 것이 좋다. 주장할 때는 반드시 예상 질문과 반대 이유를 파악하고 대비해 두어야 한다. 그리고 항상 주장의 목적을 분명히 해야 한다. 단순히 문제가 심각하다는 것을 알리려는 주장인지 예산이나 인원 등의 확보를 받아내야 하는 것인지가 분명히 드러나도록 말해야 한다.

주장과 비난을 명확히 구분하라

　　　　　　　　　주장하면서 불필요한 말을 많이 하다보면 주장이 비난으로 변질되기 쉽다. 주장이란 대개 자신이 원하지만 상대방이 받아주지 않아 해결되지 않는 문제와 관련이 있다. 회사원이라면 예산 확보, 임금 인상, 휴가 일수 증가, 복지 혜택 확장, 사내 규칙이나 법규의 개선 등일 것이고 가정에서라면 이해할 수 없는 배우자 버릇의 교정, 자녀 교육 방법 수정, 낭비와 지출의 범위 조정, 친인척에게 하는 경조사 참여 등이 있을 것이다. 이런 것들은 다 상대방이 내 주장을 받아들여 문제를 개선해야 할 것들이다.

　그러나 그러한 주장을 선뜻 받아들일 수 없는 상대방도 그 나름의 입장이 있기 때문에 지금까지 당신의 주장을 받아들이지 않고 있는 것이다. 따라서 당신은 주장하기 전에 이미 불만을 가지고 있을 것이고 '이번에도 내 주장을 받아주지 않을 수 있다'는 선입견을 가져 자기주장을 분명히 하기 전에 비난부터 하기 쉽다. 상대방이 이미 "그렇게 해 주겠다"고 약속하고도 약속을 이행하지 않았을 경우 그 분노는 더욱 강화되어 주장보다 비난으로 흐르기 쉽다. 그래서 상대방의 말은 들어보지도 않고 자기주장만 늘어놓거나, 상대방의 정당성을 인정하지 않아야 내 주장이 더 잘 관철될 거라고 오해해 주장 대신 비난을 하기도 한다. 상대방은 그런 식의 주장을 들으면 "자기만 아는 이기주의자" "내 말 뜻을 잘 못 알아듣는 바보 같은 사람"으로 보고 당신의 주장을 들으려고 하는 것이 아니라 자기 의견을 전달하는 데만 주력하게 된다.

이 경우 상대방의 주장을 열심히 들어준 다음 "당신의 견해도 일리가 있습니다(Yes). 그러나(But)" 화법으로 자기주장을 펴야만 상대방의 동의를 얻기가 쉬워진다. 상대방이 약속을 깨서 화가 나도 "당신은 왜 약속도 안 지키고…"라고 주장을 시작하면 주장이 아닌 비난이 되기 쉽다. 그러나 "당신을 그렇게 안 봤는데 실망했다. 그러니 더 실망하지 않도록 약속을 지켜달라"고 말하면 주장이 된다. "당신은 여자를 차별하는 가부장적인 사람이다"보다는 "나는 여자라서 차별받는 느낌을 받는다. 그러니 당신의 그러한 태도는 시정해 달라"고 주장해야 비난이 아닌 주장이 된다. 이처럼 주장할 때는 비난으로 흐르지 않도록 용어 선정과 문장 사용에 주의하라.

5장

자기주장 시 피해야 할 7가지

| 자기 입장과 주장 목적을 혼동하지 말라
| 지나친 배려는 삼가라
| 당신의 문제로 상대방을 비난하지 말라
| 자기주장을 방어하기 위해 무리수를 두지 말라
| 성급하게 해결책부터 내놓지 말라
| 너무 긴 배경 설명과 불필요한 말은 삼가라
| 사람과 문제를 뒤섞지 말라

자기 입장과 주장 목적을
혼동하지 말라

우리는 입씨름을 할 때마다 상대방에게 "입장 바꾸어서 생각해 봐"라는 말을 많이 한다. 그러나 사실 입장을 바꾸어 생각하기는 매우 어렵다. 자신의 입장부터 내세우면 주장의 목적을 달성하기도 전에 무산될 가능성이 높아진다. 북핵 6자 회담에서도 북한과 미국은 서로 자신의 입장만 내세우는 바람에 회담이 번번이 소강상태에 빠져 서로의 주장이 근접하지 못하고 엇갈려 지리멸렬해지고는 했다.

흔히 주장하는 사람은 '최소한 내가 입 밖으로 꺼낸 말은 철회할 수 없다'고 생각하기 때문에 상대편의 반대에 부딪히면 자기주장의 목적을 잊고 대신 자기 입장만 내세우기 쉽다. 하버드 대학 경영학 교수인 윌리엄 유리William Ury는 "주장하기 전에 입장을 분명히 하다보면 점차 입장에 충실해지고, 자신의 입장은 자신의 자존심으로 변해 원래의 이해관계에 부응하는 주장을 내놓기가 어려워진다"고 말한다. 상대방 역시 공격당하는 자신의 입장을 보호해야 한다는 의식이 강화되어 주장을 듣기보다 자기 방어에 집중하게 된다.

자기주장을 제대로 하려면 자신이 처한 입장과 주장을 하는 목적을 분리해 보고 말을 꺼내야 한다. 거래에서의 가격 흥정이나 걸림돌이 되는 문제 해결을 요청할 때도 자기 입장만 근거로 내세워 주장하면 오히려 어려워질 가능성이 높아진다. 서로 자기 입장만 고수하느라 주장을 조정하는 일을 제대로 하지 못하기 때문이다.

지나친 배려는 삼가라

"인간관계를 중요시하라"는 말을 많이 듣고 자란 30대는 정당한 주장도 상대방을 배려하고 말해야 한다고 믿는 경우가 많다. 그러나 잦은 야근으로 고통받는 직원이 회사 사정을 고려해 "대단히 죄송하지만 야근을 조금만 줄여 주시면 안될까요?"라고 주장한다고 해서 받아들일 회사는 없을 것이다. 이럴 때는 회사 사정부터 고려할 것이 아니라 내 주장에 충실해야 받아들여질 확률이 높아진다.

친구, 동료, 부모, 배우자, 자녀처럼 일상생활에서 매일 얼굴을 대하는 관계에서 약간씩 양보하면 해결되는 사소한 주장은 상대방을 배려하는 것이 옳다. 그러나 첨예한 이익이 걸린 문제, 억울한 누명을 쓸 수 있는 사안, 책임을 떠안게 될 의제 등은 상대방부터 배려하면 주장의 힘이 약화되어 관철시키기 어렵다. 거래처로부터 욕을 많이 먹는 부하 직원의 엄살에 넘어가 대신 거래처로 나가 주었는데 마침 그 거래처에서는 문제가 많은 부하 직원 때문에 딱 그 순간 거래를 끊기로 결정했다면 이 모든 책임은 마침 그 상황에 처했던 당신이 져야 한다. 이런 경우 부하 직원의 사정이 아무리 딱해도 "반드시 거래가 이어지도록 하라"고 주장하고 직원이 알아서 그 문제를 해결하도록 맡겨 두어야 한다. 상사인 부장이 교통사고를 당했는데 과장인 당신이 그의 형편을 고려해 그가 부당하게 결재하려던 자금을 결재해 버리면 훗날 "나는 부장을 도우려고 했을 뿐"이라고 주장해도 책임을 면할 수 없게 될 것이다.

물론 빚을 갚을 능력이 없는 채무자의 형편을 전혀 고려하지 않고 "당장 빚을 다 갚으라!"고 주장하는 것처럼 상대방을 극한의 상황으로 몰고 가서는 안 된다. 그러나 아직 미혼이며 부모로부터 독립하고 싶은데 부모가 그 동안 모은 돈을 주지 않을 경우 부모님 형편부터 고려하면 "독립하겠다"는 자기주장을 관철하기 힘들다. 항상 어려운 부탁을 해대는 친구에게도 그의 사정부터 배려하면 "나는 더 이상 도와줄 수 없다"고 말하기 힘들다. 따라서 주장할 때는 내가 주장해야 하는 이유와 목적을 분명히 한 다음 단지 상대방을 극한 상황으로 몰아넣지 않는 정도의 배려만 하는 것이 좋다.

당신의 문제로 상대방을 비난하지 말라

인생에서 가장 복잡한 문제를 많이 안고 사는 30대, 그만큼 짜증날 일도 많다. 회사에서는 위 아래로 치여 "이 놈의 직장, 당장 때려치우고 싶다"를 외치게 되고, 집에 들어가면 기다렸다는 듯 앞뒤로 매달리는 자식들에게 시달린다.

그래서 회사에서 일이 잘 풀리지 않는 날이면 괜히 자녀에게 "넌 왜 그렇게 공부를 안 하는 거냐? 공부해!" 하며 불쑥 자기주장을 편다. 아내와 다투고 나서는 괜히 다음 날 부하 직원에게 신경질을 내고 괴롭히기도 한다. 남편에게 스트레스 받은 날이면 남편과 비슷한 성향을 가진 남자 상사에게 대들며 "굳이 야근 안 해도 되는데 왜 자꾸 시키세요?"라고 야근의 부당함을 화풀이하듯 주장한다. 요즘처럼 가전제

자기주장 기술

품이 다양한 시대에는 한 번 고친 제품이 다시 고장 나면 애꿎은 사람에게 화를 내기도 하고, 자신이 컴퓨터를 잘 다루지 못해 새로 산 소프트웨어 작동을 못하고도 "무슨 이런 제품을 팔다니. 요즘 같은 세상에 이래도 됩니까?" 억지를 부리며 환불해 달라고 주장하기도 한다.

 톱니바퀴처럼 맞물려 돌아가는 인생살이, 기분 상할 일로 많지만 내 기분 때문에 엄한 사람에게 억지 주장을 펴는 경우도 대단히 많다. 그러나 내 문제로 억지 주장을 펴는 모습을 자주 보여 주면 주장에 무게가 실리지 않아 정당한 주장도 거부당할 가능성이 크다. 따라서 주장을 펴기 전에는 이것이 나만의 문제인지 공동의 관심사인지를 따져 본 후 접근하는 것이 현명하다.

자기주장을 방어하기 위해 무리수를 두지 말라

"한국인은 체면에 살고 체면에 죽는다"는 말이 있다. 그래서 자기주장이 상대방에게 잘 받아들여지지 않으면 무조건 자기주장을 방어하려고 무리수를 두는 경우가 많다. 그런 태도는 상대방이 전투적인 자세를 갖게끔 하여 오히려 주장의 정당성을 훼손시킬 수 있다. 따라서 직장에서 임금을 인상해 달라거나 야근을 줄여 달라거나 휴일 근무 수당을 높여 달라거나 진급 시한을 앞당겨 달라고 주장할 때, 자신만 옳다고 방어적으로 행하면 아무것도 얻지 못할 가능성이 높다.

가정에서도 아내가 남편에게 귀가 시간을 앞당겨 달라거나 유흥비를 줄이라거나 휴일 나들이를 늘려 달라거나 자녀와 대화하는 시간을

늘려 달라고 주장할 경우 자기주장만 방어적으로 내세우면 하나도 받아들여지지 않을 가능성이 높다. 남편도 아내에게 외출 빈도수를 낮춰 달라거나 잔소리를 줄여 달라거나 반찬을 색다르게 만들어 달라고 요구할 때 자기주장만 내세우며 방어하면 아내의 불만만 살 것이다.

주장을 강하게 펴서 반드시 관철하는 것은 좋지만 자기주장만 열심히 하고 상대방의 주장에는 방어하면 상대방의 공격성이 커져 오히려 관철하기 힘들다. 오히려 비판적인 반론을 받아들여 약간 수용하는 자세를 보여주면 주장을 관철할 확률이 높아진다.

가장 좋은 방법은 "당신이 내 입장이라면 어떻겠느냐?"고 물어 상대방의 동의를 구하는 것이다. 자주 야근을 시키는 상사에게 대뜸 야근을 줄여 달라고 주장하기보다는 "부장님이라면 이렇게 계속 야근해도 괜찮으십니까?"라고 물어 당신의 문제를 상대방이 진지하게 생각하도록 유도하는 것이 좋다. 그렇게 하면 상대방의 성격이나 태도에 따라 당신의 문제를 상대방이 의외로 더 쉽게 이해하고 주장을 받아들일 가능성이 높아질 것이다.

성급하게 해결책부터
내놓지 말라

성격이 급한 사람들은 주장할 때 무엇이 문제인지를 자세히 알리기 전에 해결책부터 내놓고는 "이렇게 합시다"라고 주장한다. 이럴 경우 상대방은 그 주장이 자신에게 불리할 경우 이유도 묻지 않고 "어떻게 해서든지 저 주장은 막아야 한다"고 생각하게 된다. 거기에 몰두하면 당신의 주장이 자신에게도 이익을 가져다주는데도 거부부터 하려고 든다.

자기주장을 할 때는 충분히 배경 설명을 하고 상대방이 그것을 문제로 인식하도록 하는 것이 중요하다. 일례로 대로변에서 공사를 하는 공사 현장에서 입구를 내는 방향을 논의할 때, 당신이 "보행자들과 지나다니는 차량에게 최소한의 피해를 주기 위해 입구를 골목 쪽으로 내자"고 먼저 주장하면 현장 책임자 등은 "어디서나 공사를 할 수 있고 허가도 나는데 굳이 입구를 골목으로 내서 트럭 출입만 복잡하게 할 필요가 없다"고 맞서게 만들 가능성이 높다. 대신 그런 복안을 내놓기 전에 미리부터 "그곳은 하루 유동 인구가 ○○○명이며 차량 정체가 ○○○보다 ○○○정도 심하고" 등의 배경설명을 자세히 해서 상대방이 그 문제를 심각하게 고민하게 만든 후 해결책을 내놓으면 당신의 주장은 훨씬 쉽게 받아들여질 것이다.

 듣는 사람들 역시 단도직입적인 주장보다는 그런 식으로 배경 설명을 들으면 궁금증이 생겨 당신의 주장을 더욱 열심히 경청하게 될 것이다. 프레젠테이션이나 회의처럼 상대방이 다수이며 각각 새로운 의견을 내놓는 경우에는 미리 해결책부터 제시해 주장 내용을 각인시켜 두는 것이 좋지만, 문제 해결을 요청하는 '이것은 하지 말라.' '하라' 등 성급하게 해결책을 먼저 내놓지 말고 상대방의 문제의식을 높이도록 문제의 배경과 핵심 내용부터 말해 두는 것이 좋다.

너무 긴 배경 설명과
불필요한 말은 삼가라

    문제의 배경부터 설명할 때도 모든 것을 장황하게 다 말하지 말고 요약해서 간단히 설명해야 한다. 타인의 주장을 듣는 것도 말하는 것만큼이나 에너지가 많이 소모되는 일이다. 그렇기 때문에 배경 설명이 너무 길고 장황하면 듣는 사람은 문제의 본질을 파악하기도 전에 "도대체 무슨 말을 하려는 거야?" 같은 거부감을 느껴 본론에 들어가기도 전부터 "지금 바쁘니까 나중에 이야기하라"며 거부할 가능성이 높다.

    배경 설명도 논리를 세워 객관적으로 간략하게 해야 본론으로 유도하는 역할을 효과적으로 할 수 있다. 당신이 새집을 장만하기 위해 집값을 알아본 결과 천만 원이 부족한데 그 집은 놓치기 싫다면, 당신은 무슨 수를 써서라도 그 집 매매가에서 천만 원을 낮추어 달라는 주장을 관철시키고 싶을 것이다. 이럴 때도 "제가 지금 딱 천만 원이 부족하니 봐 달라" 식의 주장으로는 설득력을 높일 수 없다. 집값과 관련된 세제 변화 정책 변동, 그로 인한 집값 추이 등에 관한 객관적 자료를 모아서 그것을 근거로 논리적으로 가격 제안을 해야만 받아들여질 가능성이 높아진다.

자녀에게 컴퓨터 게임 시간을 줄이고 공부를 더하라고 주장할 때도 "너 그렇게 공부 안 하고 놀다가 어떻게 되려고 그러니?" 등 주장의 배경을 너무 장황하게 설명하면 자녀는 부모가 주장하고자 하는 본질(컴퓨터 게임을 줄이고 공부를 더하라)을 받아들이기보다는 배경(엄마 아빠는 틈만 나면 잔소리야)에 질려 정작 주장은 들으려고도 하지 않게 된다.

사람과 문제를 뒤섞지 말라

　　우리는 누군가가 내 의견을 받아들이지 않거나 거부하면 마치 자기 자신이 거부당한 것 같아 증오와 적대감을 갖기가 쉽다. 그러나 상대가 정당한 이유로 인해 내 주장을 받아들이지 않는다면 상대방에게 적대감을 가져 봤자 좋을 것은 하나도 없다. 그런데도 많은 사람들이 자기주장을 거부당하면 상대편이 "내 제안을 거절하는 것"이라고 받아들이지 않고 "내가 싫어서 그런다"라고 문제와 사람을 섞어서 해석한다.

　　판매직을 두려워하는 이유도 자신이 판매하는 물건을 거부당하는 것을 "내가 거부당했다"고 생각해 자존심을 다치고 더는 나아가지 못하기 때문이다. 그러나 판매직에서 성공한 사람들은 "그들은 나 자신을 거부한 것이 아니라 내가 판매하는 물건이나 서비스, 아니면 그것을 설명하는 내 방식을 거부한 것"이라고 생각하기 때문에 거절을 두려워하지 않는다.

30대쯤 되면 자기주장이 거절당할 때 주장 내용과 나 자신을 분리할 줄 알아야 한다. 당신의 주장을 거부하는 사람이 "나는 당신이 그런 사람인줄 몰랐다"고 말할 때도 "그것은 내 의견일 뿐 내 문제는 아니다"라고 분명히 설명할 줄 알아야 한다. 직장, 가정 등 크고 작은 조직 안에서 살아야 하는 인간은 갈등 없이 살 수 없다. 얼굴 생김새가 다르듯 생각하는 것도 다 달라서 내가 옳다고 믿는 신념이 상대편에게 전달된다는 보장이 없기 때문이다. 가족 간에도 내 주장이 아무리 정당해도 상대편이 거부할 수 있다.

따라서 자기주장이 거부당할 때마다 '내가 거부당했다'고 생각하면 정작 자기주장을 관철해야 할 때도 위축되어서 입을 열지 못하고 불평만 터뜨리거나 불필요하게 화를 내며 "내가 거부당할 이유가 없다"는 억지를 써 인간관계를 망칠 수 있다. 그러나 주장할 때 문제와 사람을 분리하면 상대방이 내 주장을 거부할 때 "나 자신을 거부하는 것이 아니라 내 의견을 거부하는 것"이라고 생각할 수 있어 자신의 주장을 다시 점검하고 다듬어서 다른 주장을 펼 수 있다.

그러나 사람과 주장 내용을 뒤섞으면 상대방에게 또 다른 모욕을 당할까 봐 주장을 스스로 철회하거나 상대방에 대한 미움을 키워 불평하며 자기 마음을 괴롭히게 된다. 이 경우 당신의 주장을 거부하는 사람도 자신이 당신의 주장을 거부하면 당신이 화를 낼 수 있다는 사실을 잘 알기 때문에 당신이 순순히 "내 주장은 거절해도 나까지 거절하지는 말라"고 말하면 당신에 대한 경계심이 누그러져 당신이 주장을 조금만 조정해도 받아들일 가능성이 높다.

하버드 대학교 협상 문제 연구소장인 로저 피셔 박사는 "주장이 받아들여지지 않을 때 그 사람을 문제와 분리해서 '내 말이 당신을 무시하는 느낌을 주어 화날 수 있다고 생각합니다. 사실 저는 이 문제가 잘 해결되지 않는 것에 화가 납니다. 그러나 당신 때문에 화가 난 것은 아닙니다' 라고 자기감정을 솔직하게 밝히면 상대방에게도 사람과 문제를 분리해 보도록 유도할 수 있다"고 말한다.

프롤로그

대한민국 30대, 자신을 주장하라!

나와 다른 한 세대를 이해하고 처지를 고려하기는 대단히 어렵다. 사람은 항상 자신이 처한 위치와 상황에서 모든 사물을 관찰하고 느끼기 때문이다. 그런 의미에서 이미 지나간 30대를 반추하며 지금의 30대가 가진 고민과 철학을 조명한 이 책은 내게도 많은 공부가 되었다.

자동차를 운전하다가 이정표 하나를 잘못 보고 핸들을 꺾지 말아야 할 곳에서 꺾거나 꺾어야 할 곳에서 직진하면 목적지가 달라지듯, 30대는 바로 핸들을 꺾어야 하는가 직진해야 하는가를 결정해 인생의 목적지로 향해야 하는 시점임을 알게 된 것이다. 그것을 깨닫는 순간 나는 이 책이 우리의 30대들에게 인생의 핸들을 바르게 조작할 수 있는 정확한 계기판이 되어야 한다는 사명감으로 썼다.

인간이 행하는 많은 행위들 속에서 말하기는 가장 표면적인 상징이다. 말하기 중에서도 자기주장 펴기는 가장 실행이 어려운 부분이다. 그렇기 때문에 주장의 실행 여부가 인생의 핸들 조작의 계기판이 될 수밖에 없다고 생각한다. 그런 의미에서 나는 이 책이 우리나라의 30대, 또는 20대 후반이나 40대 초반의 인생의 정점에 서 있는 분들에게 꼭 필요한 책이 되기를 희망한다.

    한국경제신문사에서 30대만을 대상으로 한 이 책을 써 달라고 했을 때는 망설임이 없지 않았지만, 집필이 끝나니 오히려 이런 책을 써 달라고 요청한 것에 대해 감사한다. 그리고 우리나라 30대들 또한 이 책에서 얻은 주장할 수 있는 용기와 기술로 필자에게 감사할 수 있을 만한 책이 될 거라는 자부심도 갖는다.

대한민국 **30대를 위한 자기주장 기술**

지은이 / 이정숙
펴낸이 / 김경태
펴낸곳 / 한국경제신문 한경BP
등록 / 제 2-315(1967. 5. 15)
제1판 1쇄 인쇄 / 2008년 7월 25일
제1판 1쇄 발행 / 2008년 8월 1일
주소 / 서울특별시 중구 중림동 441
홈페이지 / http://www.hankyungbp.com
전자우편 / bp@hankyung.com
기획출판팀 / 3604-553~6
영업마케팅팀 / 3604-561~2, 595
FAX   / 3604-599

ISBN 978-89-475-2679-1
값 12,000원

파본이나 잘못된 책은 바꿔 드립니다.